TRAS LOS MURMULLOS

TRAS LOS MURMULLOS

LECTURAS MEXICANAS Y
ESCANDINAVAS DE
PEDRO PÁRAMO

ANNE MARIE EJDESGAARD JEPPESEN
(COORDINADORA)

MUSEUM TUSCULANUM PRESS
UNIVERSIDAD DE COPENHAGUE
DINAMARCA 2010

Tras los murmullos. Lecturas mexicanas y escandinavas de Pedro Páramo
Coordinación de Anne Marie Ejdesgaard Jeppesen

© Museum Tusculanum Press y los autores, 2010
Consulente: John Kuhlmann Madsen
Compaginación y portada: Pernille Sys Hansen, Damp Design
Impresso en Dinamarca
ISBN 978 87 635 0550 5

Fotografías de Juan Rulfo. Propiedad de la Señora Clara Aparicio de Rulfo. Se reproducen en esta publicación con su autorización. Prohibida su utilización bajo cualquier sistema, en otro lugar, sin el permiso escrito de la propietaria.

Publicado con el apoyo de:
Kirsten Schottlænders Fond
Birthe og Knud Togebys Fond

Museum Tusculanum Press
Njalsgade 126
DK-2300 Copenhague S
Dinamarca
www.mtp.dk

ÍNDICE

INTRODUCCIÓN   9

MURMULLOS MEXICANOS   13
   MARIANNE EGELAND

¿QUIÉN MATÓ A PEDRO PÁRAMO?   31
LAS VARIANTES EN LOS MECANUSCRITOS
DE *PEDRO PÁRAMO*
   ALBERTO VITAL

UNA ESTRELLA PARA LA MUERTE Y LA VIDA   53
   VÍCTOR JIMÉNEZ

"YA DE POR SÍ LA VIDA SE LLEVA CON TRABAJO"   77
REFLEXIONES EN TORNO A ALGUNOS COMPONENTES
RELIGIOSOS DE LA NOVELA *PEDRO PÁRAMO*
   ÁNGEL ALZAGA

JUAN RULFO Y LA LITERATURA   101
DE LOS PAÍSES NÓRDICOS
   MARTIN ZERLANG

JUAN RULFO   123
LA TRADUCCIÓN AL DANÉS DE LA NOVELA PEDRO PÁRAMO
   PALABRAS PRONUNCIADAS POR ANNETTE ROSENLUND
   TRADUCTORA DE PEDRO PÁRAMO AL DANÉS

PRESENTACIÓN DE LOS AUTORES   131

Templo de Ehécatl en Calixtlahuaca. Como todos los dedicados a este dios su planta es circular en la parte posterior. Mateos Higuera dice que "eran de varios cuerpos, en forma circular y de techo cónico, debido a que el viento levanta remolinos, que en cierto modo son redondos. En Calixtlahuaca existe aún la estructura redonda, base de un templo en que se adoraba al dios que, fragmentado, se encontró al hacer las exploraciones del lugar".

INTRODUCCIÓN

El presente volumen dedicado a la inmortal novela de Juan Rulfo *Pedro Páramo* es el resultado de una colaboración entre la embajada de México en Dinamarca y el Departamento de Español de la Universidad de Copenhague. En el otoño de 2005 se realizó un seminario para celebrar los cincuenta años de la publicación de *Pedro Páramo*. Este libro reúne las colaboraciones del invitado de honor mexicano, Alberto Vital, y de dos ponencias de especialistas daneses: el profesor de literatura latinoamericana, Martin Zerlang y la reconocida traductora al danés de textos latinoamericanos Anette Rosenlund. A estos textos se han añadido otros tres: uno de Víctor Jiménez, director de La Fundación Rulfo, otro de la profesora noruega Marianne Egeland y finalmente una contribución del profesor Ángel Alzaga de la Universidad de Copenhague.

A primera vista puede parecer extraño publicar lecturas mexicanas y escandinavas de la obra maestra de Rulfo en un solo y mismo libro. Uno puede preguntarse qué pueden aportar estas 'conversaciones' entre dos mundos tan diferentes. ¿Pueden contribuir a la lectura de la novela de una forma nueva? ¿O simplemente añaden otro estudio más a los muchos que ya existen?

Mi impresión como editora es que de hecho este pequeño libro contribuye de una forma muy especial a los estudios de la obra de Rulfo. Rulfo no era solamente autor de obras, también era lector de obras literarias y se dejaba inspirar por ellas – por ejemplo de varios textos de autores escandinavos. El texto literario es una fuente maravillosa para el estudio de una cultura extraña y ello porque, además de procurar un goce estético, nos da acceso a un mundo de experiencias humanas – lejanas o próximas, pero siempre pertenecientes al mundo de lo humano. Aquí en este estudio podemos seguir el trabajo cuidadoso del maestro en el proceso de creación y estudiar algunas de sus fuentes literarias, religiosas e históricas poco conocidas por la mayoría de los lectores. A través de las diferentes lecturas seguimos las sombras de los textos tras 'los murmullos' – uno de los primeros títulos de *Pedro Páramo* –, textos que han dejado sus huellas, así como adivinamos los contextos humanos y vitales que se traslucen en el manuscrito de Rulfo.

Como contribución muy especial, el presente volumen contiene fotografías hechas por Juan Rulfo, aquí publicadas con la autorización de la señora Clara Aparicio de Rulfo. Rulfo, además de escritor y lector, fue un gran fotógrafo y no es difícil descubrir en sus imágenes en blanco y negro el mismo cuidado por la forma, la misma amargura vital pero también la misma ternura por México, sus paisajes y su gente que en sus textos.

Marianne Egeland, cuya contribución inicia el libro, sitúa a Rulfo al interior de una generación de autores latinoamericanos a los que la necesidad de escribir sobre una realidad polifacética, impulsa a rechazar las convenciones y jerarquizaciones del realismo dominante. Rulfo, según la autora, en sus textos transmite una sensación de inmutabilidad, simultaneidad y coexistencia espacial. M. Egeland nos presenta una lectura de *Pedro Páramo* que se centra en las relaciones entre personajes y acontecimientos, las múltiples perspectivas del texto y la intertextualidad.

Alberto Vital hace una investigación casi arqueológica de los diferentes manuscritos que existen de la novela *Pedro Páramo* y nos permite seguir el cuidadoso trabajo de Juan Rulfo en la elaboración del texto. El interesante estudio de Alberto Vital revela un Rulfo sumamente consciente de la lengua castellana y sus variantes, además de un cuidadoso artesano en la construcción de las alusiones, al mismo tiempo que nos permite contemplar a Juan Rulfo en 'el instante justo en que sopesa cuidadosamente varios aspectos antes de decidir la supresión o corrección de un pasaje'.

Víctor Jiménez discute el significado del primer título de la obra que más tarde se conocería como *Pedro Páramo* y la probabilidad de una interpretación de la novela basada en un conocimiento de la simbología religiosa de 'los antiguos mexicanos'. La estrella de la tarde, Xólotl, también perro que acompaña a los muertos en el viaje hacia el otro mundo, gemelo de Quetzalcóatl, creador de la nueva raza de hombres, hecha con el polvo de los huesos de una humanidad extinta, aparece varias veces en la novela. Esta simbología antigua del México precolombino revela un Rulfo cuya vocación era la historia de México más que la literatura. Víctor Jiménez concluye que 'la de Juan Rulfo es una obra cuya complejidad está lejos de haberse explorado por completo'.

Martin Zerlang dedica su trabajo a la pregunta de por qué y cómo un autor tan mexicano como Rulfo tenía entre sus autores preferidos a personas como Hamsun, Björnsson, Lagerlöf, Laxness y J.P.Jacobson. Zerlang encuentra en el mundo rural y oral que forma parte de las fuentes de los escandinavos rasgos parecidos a los de los textos de Rulfo, un mundo 'sin palabras', donde al lector 'le toca allegar un conocimiento social'. Zerlang en su análisis compara los textos de Rulfo con varios textos de los autores escandinavos y de esa forma sitúa a Rulfo en una tradición literaria que sobrepasa al mismo tiempo a la latinoamericana y a la escandinava.

Angel Alzaga reflexiona sobre los componentes religiosos de la novela *Pedro Páramo,* en una primera instancia aplicando un cuadro sociológico a la inmediatez del texto. A partir de ahí se inician una serie de discusiones sobre el parentesco del tiempo en la novela con anteriores concepciones temporales. A continuación se discute la religiosidad popular y la estructura religiosa en un mundo marcado por el poder, donde la perspectiva escatológica está truncada y a donde "ni llegó la Revolución, ni siquiera la ilusión de una posible revolución".

El último capítulo del libro es diferente de los demás. Se trata de la trascripción de la presentación oral que realizó la traductora **Annette Rosenlund** en el seminario de celebración de *Pedro Páramo.* Annette Rosenlund nos hace confidentes de las dificultades que supone una traducción al danés de una novela como la aquí comentada. De esta forma este capítulo contribuye también a las lecturas de la obra maestra, sin embargo desde una perspectiva normalmente no incluida en los análisis de textos literarios; es decir desde la 'culturalidad' del texto y la posible 'interculturalidad' de los seres humanos a través de la traducción.

Finalmente queremos agradecer a la Señora Embajadora de México en Dinamarca, doctora Martha Márcena Coqui, por su ayuda y a las Fundaciones Kirsten Schotlænders Fond y Birthe og Knud Togebys Fond por su apoyo, sin el cual este libro no hubiera podido ser publicado. Tambien agradecemos al Instituto de Estudios del Inglés y de lenguas Germánicas y Romances por su financiación de la traducción del capítulo de Marianne Egeland y a la traductora Pilar Palomino por su trabajo cuidadoso y competente.

MURMULLOS MEXICANOS

MARIANNE EGELAND

La situación de las personas que aparecen en la obra de Juan Rulfo, en *Pedro Páramo* (1955) y en los dieciséis cuentos que componen *El llano en llamas* (1953), se puede resumir con la frase introductoria de "Es que somos muy pobres": "Aquí todo va de mal en peor". La violencia que rodea a estos personajes se resume en la réplica "Diles que no me maten", que da a su vez título a otro de sus cuentos.

Con el pueblo mexicano como punto de partida, Rulfo (1918-1986) escribe sobre asesinato y violencia, fanatismo religioso y estrechez moral, explotación e injusticia, pobreza espiritual y económica. Las relaciones parecen arcaicas. En el universo literario de Rulfo no existen ni teléfonos ni vehículos o máquinas a motor. Sólo una vez, en el cuento "El llano en llamas", se hace mención al tren. Su interés por la historia y la geografía de México se refleja en su obra literaria y en su producción como fotógrafo. Como jefe durante muchos años del Departamento de Prensa y Publicaciones del Instituto Nacional Indigenista trabajó para documentar las lenguas y las formas de vida de los indígenas.

Lo estático y la desesperanza son temas principales en Rulfo. Como un contrapunto a un tiempo paralizado encontramos muchas catástrofes inexplicadas y actos de violencia incomprensibles. Sin embargo, semejantes erupciones no causan ningún efecto sobre las condiciones sociales de base. Ni siquiera la sangrienta revolución de 1910-20 pudo cambiarlas. Incluso en el mundo fuera de la ficción los vencedores adoptaron el significativo nombre de Partido Revolucionario Institucional y gobernaron el resto del siglo de forma absoluta.

REVOLUCIÓN LITERARIA

Juan Rulfo nació en el seno de una familia de hacendados venidos a menos y sus padres murieron muy pronto. Su infancia en Jalisco estuvo además marcada por los efectos de la revolución y por el fanatismo religioso del movimiento cristero que, entre 1926 y 1928, protagonizó un intento contra-revolucionario. Rulfo perteneció a una especie de "generación perdida" de escritores latinoamericanos. Como sus homónimos europeos y norteamericanos dos o tres décadas antes, también reaccionaron con desilusión frente a la guerra y a la situación económica y moral dominante. La desconfianza se orientó hacia la lengua como tal, corrompida durante centurias por el abuso de los detentadores del poder.

Los escritores rechazaron las convenciones impuestas por el realismo occidental. Encontraron problemático mostrar la múltiple realidad latinoamericana en una línea cronológica dominada por una perspectiva central, un decálogo jerárquico de normas y una fe fundamental en el progreso. Condicionada por semejante visión de la vida, la literatura sólo podía ofrecer una imagen superficial e incompleta de la variación geográfica y social del continente. Las franjas de colores del poncho mexicano pueden simbolizar las contradicciones entre culturas llenas de contrastes que conviven simultáneamente, pero que se encuentran separadas unas de las otras por centurias de distancia.[1] Por todo ello, la percepción y la presentación del tiempo adquieren un lugar central en la literatura.

La nueva generación de escritores latinoamericanos, que hizo su entrada en la segunda mitad del siglo XX, volvió la vista hacia el modernismo y las formas experimentales para poder comunicar mejor la impresión de simultaneidad y coexistencia en el espacio. A pesar de que Juan Rulfo estuvo influido por la literatura nórdica anterior a su tiempo, como muestra el artículo de Martin Zelang en este libro, participó igualmente de la revolución literaria y aparece como uno de los pioneros de lo que se ha dado en llamar el realismo mágico o fantástico.

Los lectores occidentales pueden quedar absorbidos por el ambiente fértil-carnavalesco que domina en muchos de los libros que pertene-

---

[1] Sergej Eisenstein, "First Outline of Que Viva Mexico!", en *The Film Sense* [1943], editado y traducido por Jay Leyda, Londres, Faber, 1968, p. 197. El director ruso declaró además que ninguna trama o historia completa puede recorrer este poncho sin ser falsa o construida.

cen a "la onda", y no percibir el profundo sentido pesimista que también encierran. Incluso la elaborada *Cien años de soledad* (1967) de Gabriel García Márquez trata en esencia de muerte y destrucción. Que el mismo tema traspase *Pedro Páramo* es un hecho que se va haciendo evidente a lo largo de la lectura. El escritor hace uso de la multiperspectiva y la técnica del montaje. La novela está compuesta de 65 partes no numeradas pero marcadas por líneas en blanco que señalan un cambio en el tiempo y en el espacio.[2] La explicación de lo que ocurre se presenta así fragmentada y mira hacia el pasado.

Sin embargo, como lectores podemos inicialmente tener la impresión de estar bien informados. Ya en la primera frase, un narrador en primera persona nos revela dónde se va a desarrollar el libro y lo que debemos pensar sobre el tema: él –o ella– ha llegado a un pueblo que se llama Comala para buscar a su padre, "un tal Pedro Páramo". La razón aparece seguidamente: la promesa a la madre en su lecho de muerte de ir a buscarle. El narrador adquiere género. Se trata de un hijo que busca al padre desconocido cuyo papel central en la narración es indiscutible puesto que su nombre coincide con el título.

Hasta aquí, toda esta disposición es conocida en la historia de la literatura. La búsqueda del origen y con ello de la identidad ha sido un motivo recurrente desde el siglo XVIII; el viaje de vuelta al hogar y la búsqueda del padre por el hijo la encontramos ya en la *Odisea*. No bastante, la versión de Rulfo muestra innovaciones con respecto a lo que se puede esperar tanto del tema como del modo de presentarlo. La promesa de información precisa, como la que aparentemente se nos ofrece en la introducción, no se cumple ya en la segunda página. El diálogo se desarrolla sin que sepamos quién habla y los personajes sólo reciben nombre, y nos son presentados, mucho después de su entrada en la narración. Con respecto al narrador, esto ocurre aproximadamente después del primer tercio del libro, cuando se habla de él como Juan Preciado (p. 46).

Sólo cuando se termina de leer *Pedro Páramo* –o mejor aún cuando se relee– entendemos la relación entre los personajes y los hechos. Es Comala, y no Pedro Páramo, el protagonista de Rulfo. Encontramos alrededor de treinta voces que representan diversos períodos de tiempo.

---

[2] Utilizo la edición de *Pedro Páramo* de 1975, de Fondo de Cultura Económica.

Sus pensamientos y experiencias, diálogos y monólogos están montados paralelamente. Algunos de ellos aparecen varias veces, pero la mayoría se manifiesta sólo una vez, por lo que puede resultar dificultoso recordar esta gran galería de personajes. Con frecuencia durante la lectura nos encontramos confundidos. Esta reacción es provocada por el escritor para ilustrar la experiencia del narrador cuando llega a Comala. Al mismo tiempo, la novela puede leerse como un estudio de la existencia humana y de cómo entendemos la vida en general. El sentimiento de estar rodeado de un mundo inexplicable y sin sentido, sin ninguna relación superior, y que existen partes sueltas e independientes codo con codo en un todo caótico, se comunica tanto a través del contenido como de la forma. Visto de esta manera, *Pedro Páramo* es realista, aunque realista de una manera diferente a la concepción habitual en el momento de publicarse el libro.

ALMAS EN PENA

Existe una Comala en el mapa, al norte de Colima y al sur de la frontera con Jalisco, pero desde el principio de la primera parte el lector atento recibe varias señales de que nos encontramos en un paisaje simbólico. Lo que Juan Preciado ve y experimenta es completamente contrario a lo que la madre le ha contado acerca de una naturaleza hermosa y fértil y de un padre que presuntamente quiere conocerle. En el cruce de "Los Encuentros", coincide con un hombre que resulta ser su hermanastro. El nombre de éste, Abundio, que en realidad significa lo contrario al nombre de su padre común, aparece en la tercera parte. Cuanto más se acercan los hermanos a Comala, más caluroso y más inmutable se vuelve el aire. Siguen bajando hasta "la mera boca del infierno" (p. 9). Pedro Páramo es descrito como "[u]n rencor vivo" (p. 10). Hacia el final de la primera parte, el narrador –y nosotros– escucha que no vive nadie en Comala y que Pedro Páramo lleva muerto muchos años.

Las siguientes 64 partes cuentan lo que pasó con este pueblo mexicano, con el hombre que lo gobernó y lo que experimentó Juan Preciado cuando llegó allí. Aunque el pueblo es descrito pronto como un lugar sin ruidos, donde los niños no juegan en las calles y donde las casas están vacías, no somos conscientes de lo que significa que Comala, según Abundio, está muerta. Las personas que Juan encuentra y con las que habla parecen convincentes, y damos por sentado que están vivas —hasta que comprendemos que la situación es justo la contraria.

Con su forma experimental, Rulfo se inscribe en el modernismo del siglo XX. Sin embargo, el contenido está basado en la creencia popular y en mitos viejos de carácter más o menos religioso. Narraciones sobre fantasmas y almas en pena que transitan por la tierra para vengarse o para encontrar a alguien que les rece están bastante extendidas por Mexico y en buena parte del mundo. Una muerte omnipresente con un tránsito fluido a la vida es tematizado en el día de los muertos y en los dibujos de esqueletos animados de José Guadalupe Posada. En *Pedro Páramo*, Rulfo hace casi todo lo posible para que tanto Juan como el lector no puedan diferenciar ni los vivos de los muertos, ni entre fantasmas vitales y muertos vivientes. Esta particularidad se manifiesta cuando Juan va a Comala y encuentra a una mujer en la calle: "vi una señora envuelta en su rebozo que desapareció como si no existiera". La mujer vuelve a aparecer otra vez y hablan de nuevo. Él se da cuenta de que "su voz estaba hecha de hebras humanas, que su boca tenía dientes y una lengua que se trababa y destrababa al hablar, y que sus ojos eran como todos los ojos de la gente que vive sobre la tierra" (p. 12).

Puesto que el joven no percibe nada anormal, serán otros los que más tarde le llamarán la atención acerca de que ha hablado con fantasmas y ha visto visiones. Tanto Abundio como doña Eduviges, en cuya casa se aloja en Comala, son muertos. Indicaciones de que esto pueda ser así, las encontramos al releer las observaciones de Juan, como cuando describe a Eduviges: "Pensé que debía haber pasado por años difíciles. Su cara se transparentaba como si no tuviera sangre, y sus manos estaban marchitas; marchitas y apretadas de arrugas. No se le veían los ojos" (p. 20). En la primera lectura de este párrafo, no se nos hubiera ocurrido que hablase con un cadáver: Eduviges le muestra la casa y hace cosas que normalmente asociamos con personas vivas.

Los autores que escriben desde el marco del realismo fantástico se apoyan en detalles precisos para poder establecer un universo creíble. La lengua que emplea Rulfo para presentarnos a los fantasmas es tan cotidiana y coloquial que no sospechamos que las palabras tengan un doble sentido y nos hablen de otra realidad increíble que funciona siguiendo otras leyes distintas a las que normalmente asociamos con este uso de la lengua. Nuestro nivel de comprensión acompaña al del narrador. De la misma manera que Juan, comenzamos a dudar de que las personas y las relaciones causales sean como aparecen y tenemos dificultades para distinguir entre ilusión y realidad. Pero él nos saca ventaja, y uno se pregunta cuántos lectores han comprendido el verdadero alcance de la exposición del escritor y, en consecuencia, no reaccionan con sorpresa cuando entendemos que nuestro guía en Comala también está muerto. A mitad del libro nos entrega precisamente el narrador el instante de su propia muerte. El terror producido por los murmullos de todos los fantasmas fue lo que le quitó la vida, si creemos la narración de Juan (p. 61-3). Al mismo tiempo, tomamos conciencia de que su público no somos nosotros –los lectores– sino Dorotea, la mujer mayor que lo encontró muerto en la plaza. Cuando la propia Dorotea muere poco después es enterrada en la misma tumba que él. ¿Pero quién la enterró en un pueblo muerto?

En la novela mexicana más celebrada, dos cadáveres conversan entonces, como si estuvieran vivos, sobre sus experiencias y las de otros muertos. Tan importante le parecieron los cuchicheos de los muertos para lo que quería comunicarnos que Rulfo pensó en un primer momento titular la novela "Los murmullos". Según el escritor, los habitantes de Comala no podían descansar en paz en sus tumbas porque morían en pecado.[3] La primera mitad del libro trata de la narración de Juan a su compañera acerca de su encuentro con Comala. Esta narración es entrelazada con los recuerdos de Pedro Páramo, que parecen penetrarla desde la atmósfera o desde otra tumba. La segunda mitad del libro contiene los monólogos y murmullos provenientes de las tumbas vecinas que Juan y Dorotea escuchan y comentan. Por tanto, existen varios narradores además del que reúne las historias fragmentadas y presenta diálogos y hechos desde una perspectiva más distanciada.

---

[3] En la entrevista con Joseph Sommers, "Los muertos no tienen tiempo ni espacio (un diálogo con Juan Rulfo)", originariamente publicada en ¡Siempre!, núm. 1 051, 1973; citado en Joseph Sommers (ed.), *La narrativa de Juan Rulfo. Interpretaciones críticas*, México, Sep Setentas, 1974, pp. 17-22.

EL CARNAVAL PERVERTIDO

Dado que la estancia en la tumba y el encuentro que allí tiene lugar entre una mujer mayor y un hombre joven juegan un papel central, el escritor se inscribe además en la tradición carnavalesca. Las dos narraciones antiguas en prosa, el *Satiricón* de Petronio y *El asno de oro* de Apuleyo, contienen escenas que transcurren en una tumba, en las que una viuda y un joven mantienen una relación sexual al lado del difunto esposo. El cuento "Livets røst" (La voz de la vida) de Knut Hamsun se construye sobre un escenario semejante. El joven se convierte así en un sustituto del muerto que, de esta manera, resucita y hace que la enlutada viuda vuelva a la vida desde el estado de transición en el que se encuentra. Concepción y muerte son, por tanto, las dos caras del mismo infinito proceso y las condiciones necesarias para que la existencia continúe. El movimiento de estas personas entre el plano terrenal y el espiritual es típico de los mitos y de la literatura popular-carnavalesca. En *Pedro Páramo* aparecen los tres niveles –cielo, tierra e infierno– codo con codo, o en cualquier caso su recuerdo.

Rulfo, no obstante, da una vuelta de tuerca a la tradición de tumbas: el ciclo cesa en el momento en que la muerte entra en escena de tal manera que el renacimiento se hace imposible. En la cámara de la muerte mexicana, el esposo está ausente y el abrazo es doblemente improductivo. A partir de este momento, se sella la ruina de Comala. No sólo es la mujer demasiado mayor y el hombre demasiado joven, sino que además están muertos. Pedro Páramo y su "rencor vivo" resultan vencedores en último término. A pesar de que ha estado muerto largo tiempo, no quiere renunciar a su posición de poder y obtiene éxito al continuar extendiendo muerte y perdición. De ser un lugar casi paradisíaco, que según la madre de Juan olía a miel y naranjas y conocía todos los colores cuando llovía, Comala se ha convertido en un desierto de piedras, como indica el nombre de su gobernante.

Hacia el final llegamos a saber cómo el microcosmos y el macrocosmos del libro –el hombre y el paisaje– llegan a identificarse de manera intrínseca. Pedro Páramo decide vengarse de Comala porque los vecinos malinterpretaron la llamada de las campanas cuando murió su querida Susana. Llegó gente de todas partes. Creían que tocaban con ocasión de una fiesta y participaron de forma espontánea en celebraciones que duraron varios días. Esta fue la razón por la que casi nadie acompañó a Susana San Juan a la tumba. En consecuencia decidió: "Me cruzaré de brazos y Comala morirá de hambre" (p. 121). Pedro Páramo tenía tanto poder sobre la vida y la muerte que los resultados estaban dados de antemano. Mientras que el afligido esposo en el mito de Orfeo tiene como vencedor de la muerte una función pacificadora, la versión mexicana de Rulfo se identifica con las cualidades contrarias.

La sequía y la ausencia de fertilidad tienen una relación indirecta con él. Puede parecer que la desertización es la respuesta de la naturaleza a la maldad acumulada. Como consecuencia del gobierno del déspota, la vida retrocede ante el pecado. Esta es su voluntad y no puede cambiarse. Juan Preciado, con su común nombre de pila –apropiado para discípulos, escritores y seductores– y un apellido que indica tanto respeto como pretensiones, no tiene talla ni calidad de héroe y no es de ninguna manera una figura de Cristo. Por ello, vence el principio de la muerte.

Rulfo reescribe de esta manera varios mitos y rompe con uno de sus predecesores más importantes: *The Waste Land* (1922) de T.S. Eliot. El título de las dos obras significa lo mismo y los dos escritores han conformado sus paisajes muertos con la ayuda de la técnica del montaje. Las distintas voces en *The Waste Land* pueden recordar los ecos y murmullos que resuenan en Comala. Mientras que Eliot hace uso de los mitos clásicos básicamente para resaltar el extrañamiento moderno en comparación con un pasado dorado, Rulfo incorpora constantes míticas para sacar a la luz lo inmutable y lo incambiable en la existencia mexicana. El país árido de Eliot es un retrato de la cultura industrial del siglo XX, de cómo ha perdido contacto con sus raíces, pero que a pesar de todo tiene la posibilidad de volver a reencontrarlas. Por su parte, el desierto petrificado de Rulfo puede considerarse como una imagen de la vida misma, independiente del espacio y del tiempo. Como el autor nunca refiere al mundo urbano y moderno, Comala adquiere un carácter más universal y atemporal que su equivalente, el paisaje desértico de Eliot.

En las notas a *The Waste Land*, escribe Eliot que se apoya en el libro de Jessie L. Weston *From Ritual to Romance* (1920). Weston muestra allí las relaciones entre un elevado número de mitos de regeneración de todo el mundo que giran en torno a la búsqueda del santo grial. La historia se remonta a los tiempos anteriores a Cristo y la mayoría de las versiones postulan una relación entre la vitalidad de un cierto rey y la fertilidad de su reino. La debilidad de las fuerzas del rey provocaría la infertilidad del país. La misión del héroe será recuperar el equilibrio perdido. Que esto no ocurra en *Pedro Páramo* se puede interpretar como un comentario del escritor a las relaciones sociales en Mexico. Paralelamente, el tiempo mitificado de la novela contribuye al enmascaramiento de las condiciones socio-económicas que conforman el fundamento de la estructura de poder que Pedro Páramo representa.

EL ESTANCAMIENTO DE LA DESESPERANZA

Igual que buena parte de la literatura mexicana, *Pedro Páramo* opera con un telón de fondo histórico de carácter estático. Lo específicamente mexicano se generaliza, lo individual y concreto se convierte en atemporal y universal. "Como si hubiera retrocedido el tiempo", se dice a propósito de Comala (p. 58). El mundo exterior no se nombra apenas, entonces parece no existir tampoco. Comala es "[l]a tierra, 'este valle de lágrimas'" (p. 35). La impresión de que el tiempo se ha detenido tanto dentro como fuera de la ficción puede achacarse a que la situación para una buena parte de la población no ha cambiado básicamente durante siglos. La pobreza y la represión siguen siendo el destino de millones de mexicanos, aunque el país tuvo su revolución. El pesimismo que caracteriza la obra de Rulfo se puede poner en relación con sus limitadas oportunidades.

Collage, perspectiva múltiple e intertextualidad son instrumentos de los que el escritor puede emplear para crear movimiento y polifonía en la obra literaria. En *Pedro Páramo* la forma se apoya en el contenido y en una dialéctica fija. Jugar con mitos, *topoi* literarios, sensación del espacio y simultaneidad no sólo contribuyen a que la historia quede neutralizada en el tiempo mítico de la novela, sino también a que se conserve. Un efecto de la falta de progresión del tiempo es que la necesidad aparece como algo natural. La explotación y los intereses contrarios en Comala se reconcilian de alguna manera bajo la perspectiva de la eternidad, como si estuvieran determinados por fuerzas superiores que los hombres tuvieran que sufrir bajo la mano de un cruel señor. El pueblo se vuelve pasivo mediante una larga represión y no se rebela. Sin embargo, es igualmente castigado, precisamente porque permitió ser oprimido y no hizo lo imposible por evitarlo.

Pedro Páramo es el prototipo del *cacique*, el brutal déspota del pueblo que abusa de las mujeres y que no ahorra en medios para alcanzar sus objetivos, a la vez que es hombre de familia y profundamente religioso. Al ejemplar de Rulfo no le afectan ni el dolor ni las necesidades de otros. Se niega a dar a Abundio, su propio hijo, las pocas monedas que le hacen falta para enterrar a su esposa, pero responde violentamente cuando los otros no participan en su dolor. La violenta vida que lleva se encuentra en diametral contraposición con una vida interior llena de recuerdos en forma metafórica de la infancia, sueños y añoranzas hacia Susana San Juan. Dependiendo de la perspectiva desde la que se le mire, Pedro Páramo puede ser casi todo, desde un tirano malvado y sin escrúpulos hasta un padre atormentado y un atento amante.[4] Aunque los aspectos negativos predominan, adquiere una dimensión trágica de la que carecen los otros personajes, mucho más unidimensionales. La humanización de Pedro Páramo se une a un plano irónico que atraviesa la novela y contribuye a que las personas tengan más de un solo significado. El empleo de los nombres tiene la misma función. Abundio y Florencio no son más fértiles que Pedro.

El cacique actúa como un instrumento del destino. Pero el destino es ciego y se pone en su contra. Como todos los demás, también él está sometido a la muerte y al juego del azar. Irónicamente, el amor, que principalmente se considera como el bien más atractivo, es el principio que socave el monolito, porque aun el amor aparece aquí en una versión pervertida. El padre fue asesinado sin que Pedro pudiera hacer nada por evitarlo, excepto vengarse de la forma más cruel. Su hijo preferido, Miguel, murió en accidente a una temprana edad y Susana no le correspondía en el amor que él le profesaba. Pedro Páramo había estado obsesionado con ella desde la infancia. Cuando finalmente arregló todo para poder casarse con ella, después de un plan cuidado hasta el último detalle y del asesina-

---

[4] Antonio Sacoto Salamea ha encontrado nueve perspectivas distintas, que corresponden a los modos en que diferentes personas perciben y caracterizan a Pedro Páramo. Véase "Las técnicas narrativas", en Helmy F. Giocoman (ed.), *Homenaje a Juan Rulfo*, Nueva York, Las Américas, 1974, pp. 373-85.

to del padre de Susana, Susana ya había perdido para siempre tanto los sentimientos y el sentido de la realidad, entregados a su primer marido difunto, Florencio. Independientemente de que su matrimonio fuera por amor o no, Susana permaneció sin descendencia, y vivió según las implicaciones de su nombre. En hebreo Susana significa lirio y el lirio es la flor de la muerte.

Finalmente muere también el invencible. De la misma forma que él terminó con un buen número de contrarios, Pedro Páramo es asesinado por Abundio. Es cierto que no se ritualizan ni la muerte del rey ni la resurrección de Comala. Tampoco aparece nadie que de acuerdo con el espíritu carnavalesco ridiculice al rey, ponga al descubierto sus limitaciones y muestre lo cómicas que pueden ser sus pretensiones de inmortalidad. No obstante, su muerte no es menos mítica o simbólica que la que aparece en los mitos clásicos de regeneración.

El parricidio forma parte de la herencia mítica de la que hace uso Juan Rulfo. Según Claude Lévi Strauss, los mitos clásicos griegos tratan en última instancia acerca de la supervivencia de la sociedad condicionada a que las hijas se casen fuera del clan y los hijos sucedan a sus padres.[5] La exogamía y la entrega del poder de una generación a otra son fundamentales para la salud de la sociedad. Las consecuencias negativas del incesto atraviesan los mitos y se intuyen en *Pedro Páramo*. El padre de Susana abusó de ella y, en el primer párrafo del libro, se nos da a conocer que Juan Preciado tiene problemas para zafarse de las manos muertas de su madre. Él va a Comala en su lugar y termina en una tumba con una mujer que se podría decir que ha tomado el puesto de la madre.

En *Pedro Páramo* el parricidio no se comete a favor del bien común para que el hijo tome la posición del padre. Abundio muere también. Los actos de violencia no son tampoco una muestra de que la gente se levanta en protesta contra la opresión. Son más bien expresión de que el tirano dueño de sus destinos no tenía control sobre el suyo propio. Además, en este plano se confirma el fatalismo.

---

[5] Véase Edmund Leach, *Lévi-Strauss*, Londres, Fontana, 1970, pp. 79-80.

ELEMENTOS DE COHESIÓN

El material mítico –el hijo en busca del padre, el parricidio, hombres en busca del paraíso, la bajada al inframundo (Katábasis), el déspota que destruye su reino, tránsitos fluidos entre la vida y la muerte – constituye modelos arquetípicos que aparecen en los sueños, en el inconsciente colectivo y en la literatura universal. La manera en que Rulfo ha adaptado esos modelos y el giro negativo que les ha dado, hace que aporten coherencia interna y contribuyan a cohesionar las distintas partes del libro hasta formar una unidad literaria íntegra.

Los principios de cohesión están completamente exigidos en una obra como la de *Pedro Páramo* con una estructura caótica y con una cronología que continuamente se rompe. Inmediatamente después del comienzo de la narración de lo que le pasa a Juan Preciado en Comala, vuelve el escritor a ocultar tanto la secuencia causal como la línea divisoria entre tiempo y espacio, ilusión y realidad. Como el mismo Rulfo apunta: "Los muertos no tienen tiempo ni espacio".[6] Cuando el lector se empeña en la búsqueda del sentido, el pueblo que está lleno de la existencia de muerte y de las almas en pena adquiere otra forma de "vida". El uso del montaje y de la perspectiva múltiple de Rulfo nos empuja hacia una lectura activa de contrapunto para comparar los hechos que se nos refieren varias veces.

Para resaltar la simultaneidad se repiten palabras y expresiones, a veces varias páginas después. Con ello se pone de manifiesto que no ha pasado nada mientras tanto. La parte número diez, en la que doña Eduviges y Juan conversan, termina con la declaración de ella:"Más te vale hijo" (p. 27). Da igual que no haya escuchado los lamentos de un muerto. En las cinco partes que siguen, aparecen algunos recuerdos de infancia de Pedro Páramo, el sacerdote del pueblo está presente solo y junto con otros y se nos refiere la conversación entre algunos campesinos. La parte número 16 comienza con que Eduviges repite: "Más te vale, hijo. Más te vale" (p. 36). Todo lo narrado en las páginas intermedias ha ocurrido simultáneamente, en el mismo intervalo de tiempo.

Otra forma de cohesión que utiliza el autor es dejar primero que una escena ocurra en un contexto mágico –o fantástico– para luego pre-

---

6 Joseph Sommers, *op.cit.* p. 19.

sentarla en un plano real. Este principio es empleado en el fragmento en el que se narra la historia de Miguel Páramo: la difunta Eduviges cuenta a Juan cómo el espíritu de Miguel vino después de su muerte y habló con ella durante un corto período de tiempo (parte diez, p. 26). Desde ese momento, ha creído todo el tiempo oír el sonido de los cascos del caballo de Miguel la noche que el caballo volvió a casa sin jinete. Después (en la parte 13) se nos hace partícipes de una conversación entre Pedro Páramo y el sacerdote, que es obligado a dar la absolución a Miguel a pesar de su vida libertina —incluso había abusado de la sobrina del propio padre Rentarías. Un poco más de la mitad del libro (parte 37), los restos mortales de Miguel son llevados a casa de Pedro Páramo, al mismo tiempo que, en la siguiente parte, el padre Renterías recuerda esa misma noche el nacimiento de Miguel. Su madre murió a consecuencia del parto y el sacerdote convenció a Don Pedro para que se hiciera cargo de su hijo ilegítimo.

Hay más hijos y hermanastros en la historia. Abundio se presenta tanto en la escena inicial como en la secuencia final. En las primeras páginas de la novela aparece como un fantasma junto con Juan Preciado vivo; en las últimas páginas como vivo, pero como parricida completamente ebrio junto a Pedro Páramo. De esta forma, el final se convierte en el principio, de manera que la repetición se fortalece. Las palabras de Eliot de que el *Ulises* de James Joyce no puede leerse, sino releerse, son también válidas para la obra de Juan Rulfo.

A través de Abundio, las figuras de Juan Preciado y Pedro Páramo pueden identificarse aún más: los pensamientos de estos dos personajes han ido entrelazándose a lo largo del texto y además se relacionan entre sí a través del motivo del agua. La lluvia suave o la lluvia fuerte señalan la entrada al mundo de Pedro Páramo. Las expresiones que introducen la parte cinco, cuando lo encontramos por primera vez —"El agua que goteaba de las tejas hacia un agujero en la arena del patio" (p. 15)— y la parte siete —"Por la noche volvió a llover" (p. 18)— aparecen con algunas variaciones por todo el texto para indicar que algo se repite y que está relacionado y conectado con Pedro Páramo. Aunque no siempre. La lluvia tiene también relación con otros personajes, desde el capataz de Don Pedro a Susana San Juan o Juan Preciado.

¿NOVELA DE NEGACIÓN?

El pesimismo imperante que reina en Juan Rulfo y en la obra de José Revueltas, de Elena Garro, de Carlos Fuentes y de otros escritores mexicanos, puede recordar a los naturalistas nórdicos del siglo XIX. De igual manera –en palabras de la noruega Amalie Skram– no eran capaces de ver la existencia de color rosa.

El mensaje pesimista del naturalismo fue debatido arduamente en 1881. En el artículo "Optimistisk Læsemaade" (Método de lectura optimista), Skram se sintió llamada a recordar a los críticos que el pesimismo y la maldad no van juntos. Con toda seguridad, la figura de Niels Lyhne de J.P. Jacobsen no era ningún héroe, sino un producto literario resultado directo de la necesidad de su tiempo. Ella alabó la coherencia en la forma de presentar las cosas en su situación triste y pensaba que los escritores que adornaban la realidad no le hacían un favor al mundo. Según Skram, fue el amor lo que guió a autores como Jacobsen y otros a los que admiraba, el amor nacido del "dolor de la misericordia". Sus narraciones desnudas de los sufrimientos humanos eran expresión de la fe, o en todo caso de la esperanza, de que la literatura puede inspirar para trabajar, "trabajar para consolar".[7]

Probablemente Rulfo hubiera asentido ante el programa literario de Amalie Skram. Aunque en sus textos el tiempo y la historia son presentados paralizados, esto no significa que el escritor piense que esta situación deba ser así. En una de las pocas entrevistas concedidas, Rulfo señala la importancia que Knut Hamsun, J.P. Jacobsen y otros autores nórdicos tuvieron para él, a la vez que se resiste a la calificación de novela negativa para *Pedro Páramo*. Los valores tradicionales podían ser satirizados, pero esto, sin embargo, no da cuenta de su postura personal. Según Rulfo, el libro era todo lo contrario de negativo, puesto que lo que hace es "poner en tela de juicio estas tradiciones nefastas, estas tendencias inhumanas que tienen como únicas consecuencias la crueldad y el sufrimiento".[8]

Los que buscan, descubren algún rayo de luz en la oscuridad de la desilusión. Existe un nivel en el libro que podemos denominar "me-

---

7 "*Optimistisk Læsemaade*", en *Dagbladet*, 19 de febrero de 1881. Citado en Irene Engelstad (ed.), *Optimistisk Læsemaade. Amalie Skrams litteraturkritikk*", Oslo, Gyldendal, 1987, pp. 64-69.
8 Sommers, *op.cit.* p. 22.

morias de la vida". Después de la venganza, Comala se encuentra en una relación de antítesis respecto a la Comala que vive en los recuerdos que Dolores Preciado compartió con su hijo. Los recuerdos del mar de Susana San Juan, lo que le gustaba bañarse y dejarse llevar por el movimiento de las olas, representan un contraste igual de grande con respecto al polvo y al calor que rodean a Juan. Por medio del motivo del agua, Susana se asocia a algo más que al puro nombre del personaje principal de uno de los suplementos del libro del profeta Daniel. Para la Susana apócrifa, el baño no significó una acción vivificadora, sino una prueba de su virtud.

También existen ejemplos de bondad y sacrificio que relativizan la paralización de *Pedro Páramo*. Los representantes de la Iglesia pueden considerarse como una fuerza positiva contraria a esa situación. El padre Rentería intenta hacer el bien entre los miembros de su comunidad y se une a las fuerzas revolucionarias. Que sea una persona de fuera –el señor cura de Contla– el que ofrece el necesario correctivo a la convicción de los locales de que Pedro Páramo actúa siguiendo los designios de Dios, es un recordatorio de que Comala y "mundo" no son sinónimos. Hay una realidad fuera del reino de los muertos.

Y quizá la lluvia a cántaros que cae sobre la tumba de Juan y Dorotea a la mitad del libro (p. 64) trae el anuncio de un tiempo nuevo. Cronológicamente, comienza a llover cuando Pedro Páramo cae muerto en la última página, "como si fuera un montón de piedras" (p. 129). El final queda abierto. Las esperanzas del lector de obtener una conclusión única y un mensaje comprensible no son cumplidas. Sin embargo, aquellos que quieran, pueden seguir la narración ellos mismos.

Traducido del noruego al
castellano por dra.
Pilar Palomino

Cholula, la ciudad sagrada más importante del México antiguo, deriva su nombre del de Xólotl. En ella se levantaba la pirámide más grande del mundo mesoamericano, cuyo perfil se recorta al fondo de la foto de Rulfo. Sobre esta construcción se edificó una iglesia colonial, como la que se ve en el primer plano.

.

¿QUIÉN MATÓ A PEDRO PÁRAMO?
LAS VARIANTES EN LOS MECANU-
SCRITOS DE *PEDRO PÁRAMO*

ALBERTO VITAL

En 2001 los mecanuscritos de El Llano en llamas y de Pedro Páramo regresaron por fin a Clara Aparicio de Rulfo, legítima heredera. Juan Rulfo los había entregado al Fondo de Cultura Económica respectivamente en el verano de 1953 y hacia el otoño de 1954 para la edición de cada uno de ambos volúmenes, hoy clásicos (recordemos que *El Llano en llamas* apareció en septiembre de 1953 y *Pedro Páramo* en marzo de 1955).

Desde 2001 la Fundación Juan Rulfo ha trabajado en la fijación de los textos, y las últimas ediciones, en especial la conmemorativa del cincuentenario de *Pedro Páramo*, bajo el sello de la propia Fundación, de RM y del Gobierno del Estado de Jalisco, y la de *El Llano en llamas* bajo los mismos sellos, ya pueden considerarse definitivas en cuanto se refiere a todos los aspectos de la transmisión del corpus desde la pluma y la intención del autor hasta nosotros. Este mismo carácter poseen las ediciones trabajadas para el sello Cátedra por el filólogo español José Carlos González Boixo, quien desde 2001 sostiene una nutrida y animada correspondencia postal y cibernética con la Fundación Juan Rulfo; tal intercambio ha dirimido hasta los últimos detalles de la edición anotada de *El Llano en llamas* y de *Pedro Páramo*.

Un mérito primordial en el trabajo de González Boixo y la Fundación Juan Rulfo consiste en que entre ambos han determinado en definitiva el número de fragmentos de que se compone la novela: son 69. Las más recientes ediciones de Cátedra incluyen un apéndice, el último de cuatro, con la frase inicial de cada fragmento. De ahora en adelante convendrá mucho que todo estudioso cuente con esa tabla para referirse al fragmento respectivo en los análisis y estudios que se sirvan realizar.

A propósito del término "fragmento", si bien dista de ser unívoco y denotativo, es más adecuado que "capítulo" o "capitulillo": estos dos remiten al mundo de la escritura o, para ser más precisos, a la isotopía del discurso escrito, inexistente en un universo, el rulfiano, que ha abolido ese mundo y esa isotopía como una expresión del grado de primitivismo propio de todo cacicazgo, mundo ágrafo por esencia, capaz de decir, por boca del cacique, que quemará todos los papeles porque no los necesita (fragmento 57). Tal vez sería mejor el vocablo "pasaje" o "escena", esta última con la ventaja de que enfatizaría el carácter cinematográfico de la novela (o cinemático y, en todo caso, dinámico y con un sentido milimétrico de del montaje literario, el cual se define como la capacidad de unir dos o más escenas independientes y generar sentido estético, potencial de sentido, sin necesidad de explicaciones; es indudable que el montaje le fue clave a Rulfo para una de sus obsesiones y una de sus sutilezas psicológicas y narrativas: decir lo más con lo menos). Sin embargo, conviene que nos quedemos con "fragmento" por ser el más habitual, pese a que acaso transmite la falsa impresión de que estamos ante pasajes incompletos, truncos.

Otro mérito del editor español es la enumeración del árbol genealógico o *stemma* en la fijación del texto definitivo de la novela. González incluye 1) los (ellos sí) fragmentos conservados y precariamente editados en el volumen *Los cuadernos de Juan Rulfo* (México: ERA, 1995), 2) el mecanuscrito "Los murmullos" (del que hablaré en un momento), 3) el mecanuscrito "Pedro Páramo", 4) la edición príncipe de marzo de 1955, 5) la edición de 1964 y 5) la edición de 1981, estas dos últimas por el hecho de que Juan Rulfo intervino en ellas. González toma como *codex optimus* la de 1981 porque es la última en que Rulfo participó para corregir menudencias y finalmente reconocer que el texto quedaba ya fijado; ello ocurrió a cinco años de la muerte del escritor, acaecida en 1986.

Una objeción de peso me permito hacer al acucioso trabajo de González Boixo, trabajo que viene a completar el realizado por el jaliciense Sergio López Mena, editor de *Toda la obra* de Juan Rulfo para la edición Archivos de la UNESCO en 1992: no comparto la idea de seguir considerando válido un trozo que el autor ha tachado enfáticamente y de cuya existencia sólo nos enteramos porque tenemos acceso a mecanuscritos o manuscritos. González aplica esto como una norma general, cuando a todas luces ha de manejarse conforme a un análisis casuístico. El ejemplo más importante para fundamentar mi discrepancia es el pasaje tachado por Rulfo ya en el "Texto B", "Los murmullos", donde se hace explícito que Abundio mató a Pedro Páramo. González Boixo usa tal pasaje tachado para ratificar el lugar común de que Abundio es asesino del cacique. Ya Mariana Frenk, primera traductora de *Pedro Páramo*, había advertido que en ninguna parte de la versión definitiva existe la escena del asesinato. Si revisamos a fondo dicha versión definitiva, aquella que existe desde la *editio princeps* de 1955, advertiremos que sólo tenemos un indicio de que Abundio es en efecto el asesino: el grito de Damiana Cisneros en el largo fragmento 68, es decir, en el penúltimo de la novela.

Resulta asombroso cómo se parece este caso a numerosos de la vida de carne y hueso en nuestra América Latina: sólo una acusación oral llega a bastar para una gravísima inculpación e incriminación, mientras delitos patentes, como los del cacique Pedro Páramo, quedan impunes gracias a las argucias de abogados (Gerardo Trujillo en la novela) o gracias a la prepotencia pura, intacable. En la edición definitiva es claro que Abundio, borracho de pena y alcohol, se desvía hacia la Media Luna, muy probablemente ataca a Damiana; ésta grita que están matando a don Pedro, acaso lo grita así para llamar la atención de la gente, acaso porque así formula un deseo inconsciente, como inconsciente fue la alegría del pueblo por el dolor del cacique a causa de la muerte de Susana (las campanadas de luto se convierten en llamadas a toda la comarca para hacer una feria, una fiesta interminable), acaso porque desea desviar la atención y la intención de Abundio desde su propia persona hasta la del indefenso cacique. Abundio es detenido, y quienes lo detienen le preguntan al cacique si no le pasó nada; él asoma la cabeza y la mueve: "Apareció la cara de Pedro Páramo, que sólo movió la cabeza." Esta última oración suele usarse para no tener que decir "movió la cabeza negativamente". Se sobreentiende un "negativamente", que hubiera sido harto explícito. Los custodios dejan allí a Pedro Páramo justo porque no está herido y porque así respetan la decisión de éste de cruzarse de hombros, como juró hacerlo para vengarse del pueblo cuando éste confundió el luto por Susana con una fiesta (fragmento 65). Al cabo de un tiempo indefinido él muere de pura vejez, tristeza y frustración. En realidad, nunca debimos hacernos la ilusión de que alguien distinto a Pedro Páramo mató a Pedro Páramo. Y menos aun alguien inferior en términos de poder. ¿Cuántas veces en la historia no hemos visto que sólo los propios errores de los poderes dictatoriales y totalitarios o la pura vejez, el mero envejecimiento, la decrepitud, acaban con esos mismos poderes? ¿Cuántas veces no hay que esperar que el siempre invencible tiempo, o un poder equivalente, un cacique, otro cacique, un clavo que saque al primer clavo, provoque la extinción de poder inmenso? En ese sentido, no hay justicia en el mundo de *Pedro Páramo*, así sea justicia por propia mano, justicia de la gente común, la más afectada por el cacicazgo, la que más víctimas ha padecido. No. Lo que hay es el desmoronamiento de un cacique por desaciertos o por el llano paso del tiempo. Podemos imaginar que Juan Rulfo sonreiría ante el candor de treinta años de crítica literaria, incapaz de percibir un dato que, aunque refinadamente expuesto, no debía aun así dar sitio a equívocos.[1]

En resumen, después de que Abundio ha apuñalado a Damiana Cisneros, pero antes del final, hay un diálogo que la mano del autor suprime con rayas firmes ya desde el "Texto B". Gracias a la lupa y a la paleografía podemos reconstruir el pasaje. La edición definitiva pasa de la imagen "Se apoyó en los hombros de ellos, que lo llevaron a rastras, abriendo un surco en la tierra con la punta de sus pies" a la no menos contundente, después de un punto y aparte: "Allá atrás, Pedro Páramo, sentado en su equipal, miró el cortejo que se iba hacia el pueblo" (inicio del fragmento 69). Faltan apenas 50 renglones para el final. "Los murmullos" y el "Mecanuscrito 'Pedro Páramo'" incluyen lo siguiente, si bien ya tachado, entre ambas frases:

—¿Qué me van a hacer? —les preguntó.
—Nada, Abundio. Ya era hora de que muriera Pedro Páramo.
—Este señor es mi padre —dijo él.

---

[1] Ya en *Lenguaje y poder en* Pedro Páramo (México: Consejo Nacional para la Cultura y las Artes, 1993) mostré cómo el culpable de la locura de Susana San Juan es el propio cacicazgo. Bartolomé San Juan obliga a su hija, entonces niña, a descender a una tumba profanada para que busque oro, monedas enterradas allí por familiares o forajidos. Lo que sube es una "calavera de muerto": la muerte (fragmento 49).

—Lo has matado. Le hundiste el cuchillo en su estómago muchas veces.

Entonces él soltó el llanto en hipos, como lloran los borrachos.

—Era mi padre —dijo—. Era mi padre (124).[2]

Semejante autoconciencia autocomplaciente y autoconmiserativa es ajena a los personajes de la versión final, en la que, como estamos viendo, no existe una prueba definitiva de la autoría de Abundio en la muerte de Pedro Páramo, y es que es como si el autor hubiera querido convertir al modesto arriero sordo en un chivo expiatorio --hombre sencillo, indefenso-- por causa de un crimen que todo el pueblo desea y al que nadie se atreve.

Otra objeción mía al editor español consiste en que González Boixo cuestiona a López Mena por llamar "Texto C" al mecanuscrito "Los murmullos" (julio de 1954) y "Texto A" al mecanuscrito "Pedro Páramo" (septiembre de 1954), así como "B" a la edición príncipe de marzo de 1955 (p. 212). Para González Boixo sería más lógica la secuencia cronológica: A, B, C. No. No es así: la secuencia en ediciones críticas no es cronológica, sino jerárquica, y se da más importancia a aquel "testimonio" o versión manuscrita, mecanuscrita o editada que se acerque más a las intenciones originales y definitivas del autor. A mi vez, difiero de López Mena en la medida en que, como veremos, la edición príncipe se acerca aún más a las decisiones definitivas de Juan Rulfo que el mecanuscrito de septiembre de 1954, "Pedro Páramo". Si "Pedro Páramo" es el "Texto A", entonces la edición príncipe de 1955 es "Texto O" o bien "Texto 0", esto es, ni más ni menos que, en términos filológicos, el original.

Vayamos por parte. Aun a riesgo de repetir conclusiones, es prudente recapitular aquí a fin de introducir el examen de la estética y la poética de Juan Rulfo y la genética de *Pedro Páramo* por medio de un repaso de otras supresiones y modificaciones significativas.

Juan Rulfo escribió a mano todos los fragmentos de la novela en papeles azules y verdes que eran como metáforas mínimas del cielo y del campo de la Comala y la Media Luna florecientes. Luego pasó a máquina

---

[2] Poco antes, en la cuartilla 124 de los mecanuscritos, el autor suprimió otro pasaje autoconsciente.

los fragmentos manuscritos y destruyó los papeles, lo que nos ha quitado para siempre la posibilidad de seguir la génesis de la obra desde el paso primigenio.

Hoy podemos preguntarnos por qué Rulfo destruyó los legendarios papelitos azules y verdes; sólo que las preguntas acerca de la vida de un autor o artista de magnitud tienden a presuponer que hubiera sido mejor que se comportaran como nosotros o como cualesquiera otras personas, distintas a ellos, lo cual necesariamente implica que no habrían podido escribir la obra que hoy nos permite recordar esa vida; por eso las preguntas sobre la existencia de un autor deben hacerse desde el horizonte de él, no desde el nuestro. Digamos tentativamente que Juan Rulfo destruyó las huellas iniciales de la génesis de *Pedro Páramo* porque era muy crítico y muy discreto y porque no pensaba como un filólogo, sino como un escritor abocado al efecto final, celoso de la imagen última y definitiva del texto. De hecho, no contaríamos hoy con los mecanuscritos si no fuera porque éstos escaparon de las exigentes manos del autor y se guardaron en los archivos del Centro Mexicano de Escritores y del Fondo de Cultura Económica. Sólo quedan de esa etapa los precarios fragmentos incluidos en el volumen arriba mencionado, *Los cuadernos de Juan Rulfo*.

En todo caso, los mecanuscritos representan la segunda etapa del proceso, nada despreciable; hay que ratificar que para esta segunda etapa (primera conservada) de *Pedro Páramo* contamos con dos mecanuscritos: 1) el que Rulfo entregó al Centro cuando terminó la beca del año 1953-1954 a comienzos del verano de 1954; este mecanuscrito aún tiene el nombre "Los murmullos", y 2) el original que entregó meses después al Fondo de Cultura Económica y que ya se llama "Pedro Páramo". Clara Aparicio de Rulfo me distinguió obsequiándome una copia simple de cada uno de ellos y permitiéndome mirar directamente ambos mecanuscritos, el original de la copia al carbón, llamado "Los murmullos", y el original del original mecanuscrito, llamado "Pedro Páramo".

Según pesquisas de la Fundación Juan Rulfo, "Los murmullos" es en efecto una copia al carbón de ese mecanuscrito que ya se llama "Pedro Páramo" (tal y como se ha denominado aquí mismo). En resumen, 1) hacia junio o julio de 1954 Rulfo entregó al Centro la copia al carbón para finiquitar su compromiso como becario del mismo; 2) entre junio o julio y septiembre y octubre trabajó en el original mecanuscrito, y el cambio más relevante fue el del título, por lo que es dable suponer que suprimió la hoja original que decía "Los murmullos" y colocó una nueva con el nombre definitivo; 3) en septiembre u octubre entregó "Pedro Páramo" (o "Mecanuscrito 'Pedro Páramo'") al editor del Fondo de Cultura Económica; 4) el libro salió en marzo de 1955 como el número 19 de la colección Letras Mexicanas del Fondo de Cultura Económica, inaugurada en 1952 con el volumen de poesía de Alfonso Reyes, polígrafo este último, hombre de letras universal, creador o animador de instituciones como el propio Fondo o como El Colegio de México y de colecciones como Letras Mexicanas, que abría espacio tanto a los autores cosmopolitas como a los regionalistas, tanto a los universalistas como a los nacionalistas, tanto a los representantes de la vieja guardia como a los jóvenes, entre ellos los jaliscienses Juan José Arreola y Juan Rulfo.

En resumen, conviene en efecto que conozcamos el "original" de la copia al carbón como "Mecanuscrito 'Los murmullos'" o simplemente "Los murmullos" y "Texto B", y el "original" para la imprenta como "Mecanuscrito 'Pedro Páramo'" o "Texto A", y a la edición príncipe le corresponde el carácter de "Texto O".[3]

Mucho se ha hablado del cambio de título. "Los murmullos" focalizaba a la colectividad y carecía de la honda semantización presente en el definitivo; éste además sintetiza por anticipado el proceso de toda la novela, es decir, la conversión de Comala y de la Media Luna y sus alrededores en piedra y desierto (páramo).

En términos generales, la modificación más relevante consiste en que el "Texto A" suprime pasajes aún presentes en "Los murmullos".

La primera supresión está en la primera cuartilla, correspondiente al segundo fragmento de la novela:

Texto B:
Era ese tiempo de la canícula, cuando el aire de agosto sopla caliente[,] envenenado por el olor podrido de las saponarias. Las hojas de

---

[3] En suma, el criterio cronológico no es el único ni el más importante a la hora de hacer la lista de los mecanuscritos, manuscritos, copias simples, etcétera, por orden de importancia filológica. Aquí nos encontramos ante un ejemplo de subordinación del criterio cronológico al criterio de mayor trabajo sobre el mecanuscrito antes de irse a la imprenta.

los madroños crujen y se desbaratan con el roce del viento. El sol, blanco de luz, quema las sombras escondidas bajo la hierba. El camino subía y bajaba; [...]

Texto A:
Era ese tiempo de la canícula, cuando el aire de agosto sopla caliente[,] envenenado por el olor podrido de las saponarias. El camino subía y bajaba; [...] (1, p. 8; fragmento 2)

En términos generales, el autor busca que las descripciones se vuelvan más concisas, más contundentes. Selecciona de ellas las partes más eficaces y tacha las restantes:

Texto B:
[...] Más allá una línea de montañas esfumadas, desvanecidas en la distancia. Y todavía más allá, la más remota lejanía. [...]

Texto A:
[...] Más allá una línea de montañas. Y todavía más allá, la más remota lejanía. [...] (3, p. 9; fragmento 2)

Otra tachadura representativa se presenta en el diálogo entre los peones que cargaron el ataúd de Miguel Páramo; ahora bien, esa supresión no se produjo entre el texto B y el texto A, sino entre este último y la versión definitiva, tal y como apareció en la *editio princeps* o "texto O" y en la edición conmemorativa de 2005; eso ratifica nuestra hipótesis de trabajo en el sentido de que ni el texto A ni mucho menos el B representan el último estadio antes del imprimatur de 1955, pues contamos con datos de que el autor introdujo cambios sobre las pruebas de imprenta:

Texto b y Texto a:
[...]
—Mejor vámonos, muchachos. Hemos trafagueado mucho y mañana hay que madrugar.
Y se disolvieron como sombras.

Todavía alguien gritó: ¡Dile que no llore, que aquí me tiene a mí!
—Me saludas a la tuya, le contestaron (29).

Ediciones de 1955 y de 2005:
—Mejor vámonos, muchachos. Hemos trafagueado mucho y mañana hay que madrugar.
Y se disolvieron como sombras (p. 39; fragmento 15).

La disolvencia es suficiente, mientras que el diálogo final, suprimido, habría aminorado el impacto cinético del remate. La última cláusula en la *editio princeps* nos recuerda en efecto la cercanía de Rulfo con el cine, que lo llevaría a escribir en 1958 la *nouvelle El gallo de oro* y a participar entre 1959 y 1964 en la elaboración de guiones para cine experimental e incluso a intervenir como extra en la película *En este pueblo no hay ladrones*, basada en un cuento de Gabriel García Márquez. Todos estos fragmentos en que hablan personajes fugaces del pueblo —gente común— son los momentos más cinéticos, más cinematográficos de la novela, y su impacto depende de la concisión y la rapidez.

A propósito de las intervenciones de manos ajenas a las del autor, ya en *Noticias sobre Juan Rulfo* demostré con tres tipos de pruebas diferentes que tales intromisiones nunca fueron sustanciales, nunca pasaron de ceñirse a detalles tales como la petición de que se suprimiera el acento a "fue" y a "fui". Sabemos que Rulfo sostuvo una animada discusión con su paisano, editor institucional y editor filólogo José Luis Martínez a propósito de vocablos tales como "hidrante" y "destiladera"; en algún momento Martínez, director del Fondo entre 1976 y 1982, impuso la palabra "destiladera" en aquel pasaje que dice "En el hidrante las gotas caen una tras otra" (p. 32); Rulfo mostró así que, aunque aparentemente desdeñoso, en realidad estaba muy atento a detalles de su obra, e "hidrante" se impuso por razones acústicas, rítmicas y dialectales.

Cito a continuación los tres tipos de pruebas que deshacen la leyenda acerca de una redacción colectiva de *Pedro Páramo*, en la que habrían intervenido plumas locales como la de Juan José Arreola, Alí Chumacero y Antonio Alatorre:

1. la testimonial (tras uno de los actos dominicales en la sala Manuel M. Ponce, del Instituto Nacional de Bellas Artes, allá por 1996, el propio Arreola reconoció ante varias personas que él no había intervenido en la organización de los fragmentos ni en ningún otro aspecto de la elaboración del libro; la frase de Arreola fue "Yo no tuve nada que ver en eso", mientras con la vista baja alisaba el mantel blanco; estaban presentes Jorge Ruffinelli y el director de la Fundación Juan Rulfo, entre otros);
2. la documental (Rulfo entregó al Centro Mexicano de Escritores un mecanuscrito, el aquí llamado "B", sumamente similar en su estructura básica definitiva al original "A", con todos los detalles ya listos, hasta la puntuación, si bien con muchas menos correcciones de puño y letra del autor que las que muestra el A, con lo cual se derrumba la escena fundamental de la leyenda, según la cual Arreola habría ayudado a Rulfo a colocar los fragmentos en el orden definitivo el domingo anterior, es decir, la víspera de aquel lunes en que Rulfo entregó por fin el original "A" a la imprenta: el "B" es anterior e idéntico al "A" en su estructura básica, mecanográfica y sobre todo en su ordenación de los fragmentos), y
3. la argumental (los textos sobre este asunto carecen de cualquier solidez en sus razonamientos).

Volvamos al tema de las variantes o modificaciones. Cierta supresión refleja la fineza con que el autor trabajó la psicología, los estados de ánimo de los personajes:

Texto B:
El padre Rentería se acordaría muchos años después de la noche en que la dureza de su cama lo tuvo despierto y después lo obligó a salir. Fue la noche en que murió su hermano, asesinado por Miguel Páramo. [...]

Texto a:
El padre Rentería se acordaría muchos años después de la noche en que la dureza de su cama lo tuvo despierto y después lo obligó

a salir. Fue la noche en que murió Miguel Páramo. [...] (69, p. 9; fragmento 40)

Las acciones y las reflexiones del sacerdote inmediatamente después no corresponden a quien acaba de ver a su hermano asesinado; se compaginan mejor con la de quien ya puede hacer el balance de una vida funesta, la de Miguel Páramo, vida que el propio sacerdote puso en manos del padre, esto es, de Pedro Páramo, tras morir en el parto la madre soltera. *Los cuadernos de Juan Rulfo*, de 1994, incluyen largos pasajes de la vida interior del padre Rentería, originalmente de apellido Villapando.[4] Dos extensos trozos, con títulos del propio Rulfo, dan cuenta de la tortura interior del sacerdote. Hay que decir que entre Villalpando y Rentería se produce una cierta pérdida en la conciencia moral, en la conciencia del papel que le toca vivir (el cura de Contla va a recordárselo y le negará la absolución), aunque la angustia de Rentería es prueba de una conciencia rota, ya inactiva, pero presente, insistente, incisiva, que al final va a convertirse en un contrarrevolucionario, en un rebelde armado e inconsecuente, negación absoluta del espíritu cristiano:

• El padre Villalpando •

Y no fue él. El Padre Villalpando recibió instrucciones de trasladarse pocos días después a la congregación de San Vicente por órdenes superiores. Se le vio abandonar el pueblo con un pequeño bulto en sus manos; algo empañado el cristal de sus anteojos, aunque su boca parecía sonreír. La gente de Comala, de quien todavía dice que es gente humilde y de alma admirable, no salió a despedirlo. Se fue solo "como la imagen de Dios, que siempre está sola, aislada en el universo, pues de otro modo perdería el respeto de sus criaturas".

Al llegar al cercado que limita el campo con las casas del pueblo, miró hacia atrás. Vio la mañana del cielo cubrir el espacio abierto

---

4 *Los cuadernos de Juan Rulfo*. México: ERA, 1994. Rentería es, como Pedro Páramo, otro de los nombres semantizados de la novela: Rentería es el que se renta, el que se alquila, el que se ofrece al mejor postor.

entre el horizonte de la tierra y el azul infinito. Despegó de su corazón el aliento de un suspiro que no llegó a salir porque se le ahogó en la garganta. Levantó la mano y bendijo al pueblo.

"Tendré más tiempo de amar a Dios en el lugar adonde voy", dijo.

Luego se recostó contra la cerca de piedra, pues una náusea intentaba hacerlo vomitar su asco; pero se lo tragó, aspirando el aire de la mañana.

"El hombre justo, estricto, absolutamente justo, es injusto", pensó. "La justicia externa cae en la injusticia." Retomó su camino pensando en eso. "No entiendo", dijo. "No entiendo nada", volvió a decir en voz alta.

Unos arrieros que pasaban lo saludaron.

—Buenos días, padre.

Él gritó:

—¡Buenos días! —con ganas, como si se encontrara con los únicos habitantes del mundo. Y sonrió con una gran sonrisa; pero por dentro su corazón lloraba. Cerró los ojos y dijo: "Sé humilde, Villalpando, sé humilde". Y poco después: "San Vicente"; al menos aprenderé a predicarles a los pájaros".

El Padre Villalpando era hijo natural de Rómula Benavides, una de las más viejas sirvientas de la casa de Maurilio Gutiérrez. Se decía que su padre había sido el mayordomo Villalpando, o su hijo que fue durante muchos años caporal, o de un primo de ellos, que vivía dentro de la Hacienda. Ni ella misma lo sabía. "Fueron tantos", decía cuando se lo preguntaban; pero debió haber sido alguno de los Villalpando, pues ellos eran los que más la habían transitado.

[...]

Líneas abajo, en el mismo pasaje donde Rentería medita luego de la muerte de Miguel, una corrección a "Los murmullos" nos muestra un ejemplo de cómo el autor consiguió convertir una frase ordinaria en un segmento con el claro poder, con la intensidad y la movilidad del inconfundible estilo rulfiano: "Llegó hasta el río y allí se entretuvo mirando en los remansos el reflejo de un cielo lleno de estrellas" se convirtió en "Llegó hasta el río y allí se entretuvo mirando en los remansos el reflejo de las estrellas que se estaban cayendo del cielo" (fragmento 40). La nueva versión expresa un movimiento metafórico, ligeramente hiperbólico y muy eficaz; el gerundio "cayendo" ofrece a la escena un efecto de movilidad y simultaneidad.

Aun así, la supresión más relevante es sin duda alguna la de un final explicativo de la obra, después de

Texto B:
Dio un golpe seco contra la tierra y se fue desmoronando como si fuera un montón de piedras.
Y junto a la Media Luna quedó siempre aquel desparramadero de piedras que fue Pedro Páramo.

Texto A:
Dio un golpe seco contra la tierra y se fue desmoronando como si fuera un montón de piedras. (128, p. 156; fragmento 69)

Aquel final es explicativo, no sintético ni poético. Intenta ahondar el impacto dramático y en realidad desdramatiza el *excipit* de un modo redundante. La supresión fue un acierto, en una decisión que acaso no fue sencilla porque toda la novela está atravesada por repeticiones, por reiteraciones no redundantes, por aquellos *coupling* de los que habló Samuel R. Levin en su clásico *Linguistic Structures in Poetry* (1962), y Rulfo tenía que saber cuáles apareamientos y reiteraciones eran significativos y cuáles eran insignificantes o, incluso, de-significantes, como el del párrafo final, suprimido.

A propósito de este punto, el "Mecanuscrito 'Pedro Páramo'" muestra algunos apareamientos allí donde éstos no existían en "Los murmullos", como una prueba de que el autor buscaba en ciertas reiteraciones o repeticiones bien dosificadas el efecto de oralidad que tan decisivo es en la novela:

Texto B:
Yo me imaginé que aquella mujer estaba loca. Luego ya no creí en nada. Me sentía en un mundo ajeno y me dejé arrastrar. Mi cuerpo que parecía aflojarse, se doblaba ante todo, creía todo, había

soltado sus alambres y cualquier podía jugar con él como si fuera un trapo.

Texto a:
Yo creí [me imaginé] que aquella mujer estaba loca. Luego ya no creí [en] nada. Me sentí en un mundo ajeno y me dejé arrastrar. Mi cuerpo, que parecía aflojarse, se doblaba ante todo, había soltado sus amarras [alambres] y cualquiera podía jugar con él como si fuera de [un] trapo (9; fragmento 5).

En la edición ya fijada de 2005, en vez de "Me sentí" se dice "Me sentía" y en vez de "mundo ajeno" se dice "mundo lejano". Ahora bien, puesto que el desmantelamiento psicológico de Juan Preciado fue una de las tareas más finas y delicadas para el autor, cada palabra relacionada con el proceso resultó estratégica, y "un mundo lejano" abarca acústica y simbólicamente a "un mundo ajeno" y tiene más peso, evita la sinalefa que acorta el segmento en una sílaba, y es en resumen más largo, es más rítmico, y dado que la palabra "mundo" ya indica algo ajeno --pues reconocer que se está en *un* "mundo" es admitir que se está en *otro* mundo dentro de este planeta--, entonces conviene más "lejano", pues sí agrega significado o contenido a la frase.

Otro proceso sutil en la novela se refiere a las insinuaciones o evidencias de incesto; éste refleja la destrucción de las familias y la necesidad de indeseadas transgresiones por parte de los pocos sobrevivientes. Los mecanuscritos nos muestran una interesante vacilación del autor en cuanto a la posibilidad de que Eduviges Dyada fuera pariente consanguínea de Pedro Páramo y de que por ende el muy femenino deseo de ella hacia él fuera de carácter prohibido:

Texto b:
—[...] Claro que entonces éramos muchachas. Y ella estaba apenas recién casada con mi tío [compadre] Pedro. [...] Sí, muchas veces dije: el hijo de Dolores debió haber sido mío. Después te diré por qué. [...]

Texto a:
— [...] Claro que entonces éramos unas chiquillas [muchachas]. Y ella estaba apenas recién casada. [...] Sí, muchas veces dije: "El hijo de Dolores debió haber sido mío." Después te diré por qué. [...] (16, fragmento 9).

Al autor debió parecerle innecesario este nuevo incesto, si ya estaban el explícito de Donis y su hermana y el insinuado de Susana y Bartolomé.

Un tercer proceso igualmente fino es la búsqueda que Pedro Páramo hace de Susana después de que ésta es arrastrada por Bartolomé lejos de Comala. El autor debía cuidar la imagen del cacique como un tipo omnipotente y a la vez dejar claro, sin énfasis, que la omnipotencia era local, era estrecha en el espacio, aunque vasta y hasta inagotable en el tiempo; estas supresiones se produjeron a todas luces antes de julio de 1954, pues ya aparecen marcadas en los dos mecanuscritos ("A" y "B"), con el dato curioso de que parece ser que a Rulfo no le bastaron las tachaduras en "Los murmullos" y las enfatizó en "Pedro Páramo", como queriendo hacer ilegible el breve pasaje y evitar así que se colara a la edición príncipe:

Texto B y Texto A:
"Le ofrecí nombrarlo administrador, con tal de volverte a ver. ¿Y qué me contestó. 'no hay respuesta —me decía siempre el mandadero—. El señor don Bartolomé rompe sus cartas cuando yo se las entrego.' Pero por él supe que te habías casado y pronto me enteré que te habías quedado viuda y le hacías otra vez compañía a tu padre. [Cuando fui a Mascota y procuré verte, tú no me reconociste. Lo atribuí a tu tristeza, a que estabas embargada de pena por la muerte de tu esposo.] [...] (83-84; fragmento 44).[5]

Podemos suponer que ciertamente el autor no quiso mostrar a un Pedro Páramo "con la puerta en las narices", esto es, esperando humildemente a que le abrieran, tal y como él hizo esperar, significativamente, a Fulgor

---

[5] Entre corchetes se distingue lo que fue suprimido en la versión impresa de 1955 y, como dije, aparece tachado en los mecanuscritos.

Sedano cuando éste pensaba apoderarse del poder del caique, entonces muy joven y al parecer inexperto (fragmentos 19, 20 y 23).

Los textos A y B muestran también suprimido otro pasaje sobre el amor de Pedro Páramo:

> Texto B y Texto A:
> Sentí que se abrían las piedras [en el texto A ya dice, como en la versión de 1955: "Sentí que se abría el Cielo."] Tuve ánimos de correr hacia ti. De rodearte de alegría. De llorar. Y lloré, Susana, cuando supe que al fin regresarías.
> [—Vete a dormir, Fulgor. Y en cuanto él salió, yo puse mi cabeza sobre los brazos y dejé derramar mis lágrimas. "Amor, dije. Amor. Y si tú hubieras estado allí te habría despedazado entre mis brazos, Susana."
> —Don Pedro, allá afuera lo llaman. Le dijeron.] (84; fragmento 44).

Ya quedó dicho que la primera supresión evita que se vea al poderoso Pedro como un humilde visitante rechazado o al menos desconocido a las puertas de una casa. La segunda impide redundar en un sentimiento suficientemente expresado.

Y así se suceden las supresiones, las mutaciones y los apareamientos, como el siguiente de Eduviges:

> Texto b:
> —Ven a tomar antes algún bocado. Un taco de algo. Cualquier cosa.

> Texto a:
> —Ven a tomar antes algún bocado. Algo de algo. Cualquier cosa (9, fragmento 5).

La muy mexicana palabra "taco", que aquí hubiera contribuido a producir una frase neutra literariamente, aunque pintoresca y rica en color local, cede su sitio a una repetición eficaz, única y memorable. Estamos en fin ante un ejemplo de cómo Rulfo empleó mexicanismos de manera dosificada y mantuvo una fuerte y permanente distancia ante el folclorismo, incluso ante el color local. De hecho, para la comunicabilidad de *Pedro Páramo* fuera de México y aun de Jalisco, ante lectores distantes, uno de los secretos o mecanismos consistió justo en emplear palabras del español de México o del dialecto de Jalisco de una manera muy mesurada, siempre en el entorno o contexto de palabras del español o castellano general.

Ha de decirse, en resumen, que entre julio de 1954 y principios de marzo de 1955, aproximadamente, Juan Rulfo trabajó básicamente en el adelgazamiento de un original de por sí enjuto, quitando aquello que no era estrictamente necesario y suprimiendo repeticiones que no eran acoplamientos sino redundancias.

Aunque en menor suma, los mecanuscritos exhiben asimismo adiciones, como el prefijo popular de "nos malparieron" en vez de "nos parieron" durante el diálogo crucial entre el arriero Abundio Martínez y Juan Preciado (5, fragmento 2).

Asimismo, se detectan cambios de términos para fortalecer el efecto: "—¡Váyase mucho al demonio!" de "Los murmullos" es "—¡Váyase mucho al carajo!" en el "Texto A" (5, fragmento 2).[6]

Ciertos cambios de significante, pero no de significado, cumplen un efecto eufónico:

Texto b:
Llegué a la casa del puente orientándome por el sonido del río.

---

[6] He aquí otro ejemplo de regulación del sentido a través del contexto verbal, pese a la presencia de un latinoamericanismo, "carajo", que entretanto se ha difundido muy ampliamente en el resto del mundo hispánico. Gabriel García Márquez lo usa con abundancia, me parece que nunca con la memorable eficacia de Juan Rulfo en aquel pasaje de *Pedro Páramo*, cuando el alcoholizado Gamaliel Villalpando es despertado de mala manera por su madre para que atienda a un cliente: "Ya sentado sobre el mostrador, maldijo a su madre, se maldijo a sí mismo y maldijo infinidad de veces a la vida 'que valía un puro carajo'" (fragmento 68). Por lo demás, la madre de Gamaliel, Inés Villalpando, es conocida en el pueblo como la "madre Villa"; ella es quien proporciona a Abundio el alcohol que lo acercará a Pedro Páramo y al intento de venganza. Madre Villa, mater y ciudad, origen y colectividad: es como si el camino para ir hasta Pedro Páramo en el umbral de la muerte de éste pasara por el símbolo del origen y por la autorización, la aquiescencia de toda la colectividad, de toda la villa.

Texto a:
Llegué a la casa del puente orientándome por el sonar del río. (7, fragmento 3)[7]

Habría sido una ironía involuntaria contra el propio autor implícito que éste no se hubiera dado cuenta, al hablar de sonido, de que su frase no sonaba bien, era ligeramente cacofónica por la cercanía nada eficaz de "sonido" y "río". Como una curiosidad filológica cabe evocar aquí una corrección equivalente por parte del extraordinario poeta mexicano Ramón López Velarde (1888-1921) en el paradigmático poema *La Suave Patria*, el poema cívico más famoso de México y uno de los cuatro poemas extensos más relevantes de las letras mexicanas: "Moneda espiritual en que se fragua / todo lo que sufriste: la piragua / prisionera, el azoro de tus crías / el sollozar [en vez de "sollozo"] de tus mitologías / la Malinche, los ídolos a nado, [...]".[8]

Y es así, en suma, como el análisis de las variantes nos permiten asistir al proceso de transfiguración del autor real (a_r) en autor implícito (a_i), es decir, entre el individuo que escribió la obra (a_r) y la construcción que él mismo hizo de sí para que eternamente lo represente dentro del texto en tanto la instancia responsable de todas las intenciones y todas las voces del texto (a_i). Las variantes son la frontera entre ambos; son el momento en que el autor real interviene por última vez para darle al autor implícito todas las armas necesarias a la hora de defender el texto. Y es que si el autor implícito es de veras susceptible de definirse como el responsable de todas las voces y todas las intenciones en el texto, las variantes (correcciones, adiciones, supresiones) son la tarea final y la última

---

[7] En ambos mecanuscritos —"A" y "B"— esta cláusula aparece como aparente inicio de un fragmento independiente, que correspondería al número 4: en una primera decisión, Rulfo habría resuelto que aquí iniciara dicho fragmento. En el tránsito de "B-A" a "O", esto es, entre julio-septiembre de 1954 y octubre54-marzo55, el autor tomó la resolución de iniciar el fragmento 4 un poco más abajo, con "ME HABÍA QUEDADO en Comala", tal y como lo delatan las marcas tipográficas en el "Texto A".

[8] Ramón López Velarde, *Obra poética*, edición crítica de José Luis Martínez. Madrid: UNESCO, Archivos, 1998, p. 267. La palabra aguda "sollozar" otorga una intensidad al verso que no puede proporcionarle la palabra llana "sollozo".

oportunidad del autor real para construir todas esas voces y todas esas intenciones, erigiendo de paso la figura emblemática del autor implícito.[9]

Podemos imaginar a Juan Rulfo en el instante justo en que sopesa y calibra cuidadosamente varios aspectos antes de decidir la supresión o corrección de un pasaje. ¿Qué criterios generales influyeron, aparte de los expuestos?

Enumero cuatro factores, y éstos se revelan o confirman esenciales en la escritura de la novela: 1) ritmo narrativo, 2) ritmo poético, 3) estilo y 4) autoconciencia de los personajes; tomemos por ejemplo el pasaje suprimido donde Abundio se entera de que mató al cacique y recuerda que éste era su padre:

1. Rulfo, melómano, tuvo una conciencia muy desarrollada del ritmo que debe tener una narración y a lo largo de todo el texto suprimió frases básicamente descriptivas, frases de "ambientación", las cuales empero alargaban innecesariamente el texto. Un autor de la exactitud narrativa de Rulfo no iba a permitir que el *crescendo* previo al final se estropeara bruscamente con parlamentos contraproducentes o contrarios al clímax como "Nada, Abundio. Ya era hora de que muriera Pedro Páramo".
2. A ese pasaje le falta el cocimiento poético preciso que tiene toda la obra. El largo proceso de escritura, que se prolonga por lo menos (según los documentos a la mano) entre 1947 y 1955, es un cuidadoso trabajo para dar al texto el sabor, el aroma, la temperatura, la constancia que atrae a los lectores.[10]
3. El estilo de ese pasaje es harto frontal. A Rulfo le repugnaba la gratuidad. Hay un morbo innecesario en la cláusula "Le hundiste el cuchillo en su estómago muchas veces". Suena a naturalismo tardío. Recuérdese que Rulfo comentó una vez que se negaba a agregar una sola gota de sangre a las muchas que ya había en la literatura

---

[9] Apenas sigue siendo necesario referirse al conocidísimo trabajo de William C. Booth, *Retoric of Fiction*, de 1961, como la fuente original del concepto de "autor implícito".

[10] Una carta de Rulfo a su prometida Clara Aparicio del primero de junio de 1947 es el documento más antiguo conservador al día de hoy del inicio de la gestación de *Pedro Páramo*. Dicha carta se encuentra en *Aire de las colinas. Cartas a Clara* (edición de Alberto Vital. México: Debate, 2000, p. 82).

mexicana. Esta declaración puede leerse como una crítica contra la violencia gratuita, tan común hoy tanto en la vida como en las representaciones simbólicas (las estéticas y las falsamente estéticas).
4. Abundio está demasiado consciente de su papel dentro de la trama. Rulfo tuvo especial cuidado en que los personajes actuaran como personajes trágicos y míticos: sin conciencia de que son trágicos y míticos. Rulfo desplegó una aguda conciencia de cuanto significaba cada una de sus criaturas, pero no creó un personaje que deambulara por los textos con la tarea de hacer explícita esa conciencia: con Rulfo, antes sentimos la tragedia y luego meditamos en ella.

No se puede emprender una edición crítica si no se ha reflexionado, cavilado a fondo en las motivaciones más profundas de un escritor, en los horizontes de expectativas de él y de su época, en las fuerzas subterráneas y las tensiones visibles en cuya intersección se ubican esa vida y esa obra que nos ocupan como humildes y tenaces estudiosos. George Steiner habla del poeta como de un "historiador de lo inconsciente" (1990 176). La obra de Juan Rulfo es la poesía de un hombre que aprendió a percibir los ríos secretos de México, frente a los cuales los hechos históricos, conocidos y registrados por los cronistas y los historiadores, son la manifestación visible, el fenómeno susceptible de aprehenderse con la conciencia. La verdadera poesía surge de una persona por cuyas arterias corren los mitos íntimos de una comunidad. Si habláramos en los términos de Immanuel Kant, diríamos que Rulfo percibió la "cosa en sí" de México y de América Latina. Aseveraríamos que fue un escritor "nouménico". Pero en esta categoría la narración es un aspecto fundamental, no tangencial. Rulfo jamás es exclusivamente descriptivo ni documental ni reflexivo: es hondamente narrativo e incluso sus momentos líricos están imbuidos de un impulso hacia delante que sólo se detiene en la última línea de cada texto.

Juan Rulfo decidió ser narrador aunque hubiera podido ser poeta un fotógrafo o un magnífico historiador (tenía todos los dones para serlo) o antropólogo. ¿Por qué Rulfo y Jorge Luis Borges resuelven finalmente ser narradores y no más bien cualquier otra cosa? ¿Por qué no se resignan a callarse, atacados por aquel nihilismo que en distintas épocas y circunstancias los acechó?

La narración literaria es un cauce por donde pueden fluir tanto los relatos míticos como esa poesía tan peculiar que se desprende, no sólo de los sentimientos, sino de las experiencias, las situaciones y los actos. Borges deslizó la insinuación de que sólo quería escribir las cinco o seis metáforas esenciales de nuestro tiempo. "Metáforas" vale aquí tanto como "parábolas", y "parábolas" vale como "relatos fundadores". La convergencia del pulso narrativo y el ritmo poético es crucial. Ni el ensayo ni la reseña ni la poesía descriptiva conocen esa confluencia. Tampoco la entienden el reportaje y la crónica periodísticos. A estos últimos géneros los vence la inmediatez: se imponen, reclaman atención y luego se esfuman y son rápidamente sustituidos.

La verdadera narración literaria sobrevive y además no sólo
explica un momento o una región: "universaliza el
incidente", como dijo el mexicano
José Juan Tablada (1871-1945)
en uno de sus
versos.

El dios Xólotl, según el Códice Borbónico (reproducido en Mateos Higuera). Solía adoptar la figura de un perro, como aquí. Su vínculo con Quetzalcóatl se manifiesta en el atavío que porta: sobre el pecho lleva el ehecacózcatl, sección de un caracol marino que sugiere el viento y que también portan Quetzalcóatl y Ehécatl. Sobre su tocado "se ve el ojo-estrella cercado por la oscuridad nocturna y un gran jade, símbolo de lo precioso, porque preciosa era la luz que el perro Xólotl, hecho visible como Estrella Vespertina, despedía en determinadas tardes en seguimiento del sol que descendía por el Occidente, para cumplir su misión de alumbrar tenuemente a los difuntos, que estaban bajo tierra en el Mictlan" (Mateos Higuera). El ojo-estrella –la Estrella Vespertina–, con un párpado rojo en la parte inferior, aparece al centro de un círculo gris con rayas negras que representa la noche; sobre ésta, de color turquesa, un jade.

UNA ESTRELLA PARA LA MUERTE Y LA VIDA

VÍCTOR JIMÉNEZ

1. La enorme discreción de Juan Rulfo sobre lo mucho que sabía en los campos de la historia y la geografía mexicanas ha sido un obstáculo nada desdeñable, pero difícil de percibir, para los historiadores y críticos de la literatura que buscan adentrarse en un conocimiento más completo de su obra. La especialización lleva a la mayoría de estos estudiosos, de manera natural, a buscar sobre todo en el campo que mejor conocen nuevas perspectivas para una mejor comprensión de la obra de Rulfo, olvidando dimensiones igualmente significativas de la misma que sólo pueden percibirse desde puntos de vista poco frecuentados en los estudios literarios.

Como Marc Bloch, yo también debo aclarar aquí que "he contado en otras ocasiones la anécdota": alguna vez, al ver la biblioteca de Juan Rulfo, le comenté que me parecía importante. Pero él de inmediato me replicó: "No, la mía no es una buena biblioteca. Una buena biblioteca es una biblioteca de historia. La mía sólo tiene literatura". Y sin duda ésta debería ser una pista para los analistas de la literatura de Rulfo que busquen ampliar su comprensión de la misma, máxime si, como el que esto escribe ha podido comprobar, Rulfo era excesivamente modesto sobre la calidad de su biblioteca en el campo de la historia: no es nada desdeñable aquí, aunque predomine en su acervo, lógicamente, la literatura.

No debería sorprender a nadie que Juan Rulfo hubiese escrito que Pedro Páramo estaba cortado sobre la figura del encomendero colonial. Sin embargo, ningún estudioso de la literatura fue capaz de advertirlo, aunque no se trataba en realidad de algo tan inaccesible para alguien que tuviese un conocimiento básico de la historia de México.

Ahora bien, los rastros de la relación de la obra de Rulfo con la misma han probado ser tan sutiles que cualquier indicio que permita registrarlos, incluso anecdótico, debe ser considerado útil. Así que agregaré algunas anécdotas más: Juan Rulfo me llegó a regalar algunos libros de su biblioteca, no de literatura, sino siempre de historia. Como contrapartida yo le ayudé a conseguir cierta vez, a principios de los ochenta, una edición no comercial de un códice, el *Lienzo de Tlaxcala,* que le interesaba mucho pero era difícil de obtener. Añado otro dato que no se encuentra hoy al alcance de cualquier investigador: es frecuente encontrar en los libros de historia de la biblioteca de Rulfo anotaciones suyas al margen que señalan, por ejemplo, el nombre de alguna población o comarca, a veces con su etimología náhuatl. En ocasiones se trata, por cierto, de nombres de lugares que aparecen en su obra literaria. También pude comprobar, en más de una oportunidad, que la toponimia antigua apasionaba a Rulfo, y no es difícil explicárselo ya que se trata de un territorio en que coinciden la geografía y la historia, disciplinas que le apasionaban por igual. El público está más informado sobre el notable conocimiento que tenía Rulfo de la información sobre el México antiguo reunida por los españoles durante el periodo colonial. Consideraba estos testimonios una vía hacia algo que le interesaba en el mayor grado: la visión del mundo parcialmente desaparecida, parcialmente oculta, de aquel México.

2. Con lo anterior como antecedente me puedo ahora detener en algo que tal vez ilumine un sector del largo proceso de gestación, en la mente de Juan Rulfo, de *Pedro Páramo.* Debo decir de entrada que nunca intenté iniciar una conversación con Rulfo sobre su literatura. No me engañaba yo sobre mi incompetencia en la materia, además de que deseaba ahorrarle, por lo que a mí tocaba, el tormento que a veces podía significar para él la curiosidad que se había levantado alrededor de su obra. No por ello, sin embargo, Juan Rulfo dejaba de abordar el tema en alguna conversación conmigo. Yo me mantenía en el propósito de no manifestar una curiosidad impropia y lo escuchaba con interés, hacía algún comentario breve y continuaba atento a sus palabras. En cierta ocasión, sin que pueda ahora recordar el contexto en el que Rulfo pronunció esta frase, pero no desde luego porque yo le hubiese dirigido una pregunta al respecto, me dijo: "yo tenía ya completamente escrito *Pedro Páramo* —y lo veo tocándose la frente con una mano— antes de cumplir los 30 años". Era muy enfático al decirlo, y me parecía evidente que concedía una gran importancia a este hecho. También creí que no se refería sólo a un breve lapso antes de esa edad, sino a un tiempo más largo. Y no dudo ahora —por tantos testimonios que arrojaba su conversación, por el conocimiento de su biblioteca, por algunas de sus cartas a Clara— que a lo largo de la década de 1940 Juan Rulfo había leído ya mucho: no sólo literatura, sino historia de México. Es decir, los dos grandes temas de su predilección intelectual. También recuerdo que en esa ocasión —o tal vez otra, pero no muy alejada en el tiempo— Rulfo me dijo, de la misma forma espontánea y sin mediar la menor pregunta mía al respecto, que nunca había leído una interpretación de *Pedro Páramo* que tuviese algún sentido para él. Bueno, y si escribo esto no es para que se piense, de ninguna manera, que lo que aquí voy a decir se acerca a algo que Juan Rulfo hubiese considerado pertinente. Estoy seguro de que a lo sumo habría reconocido que estas divagaciones tenían por lo menos el mérito de incursionar en un terreno que él conocía bien. Y nada más.

Al leer las cartas a Clara que Juan Rulfo escribió a los 30 años de edad, el 1 de junio y el 28 de agosto de 1947 —con tres meses de diferencia—, en que menciona una obra en proceso, que se le resiste ("algo que no se ha podido"; "si logro hacer ése de 'Una estrella junto a la luna'"), recordé por supuesto aquellas palabras suyas, y lo pude imaginar mejor, enfrascado desde entonces en un proyecto que sólo concluiría a finales del verano de 1954, al acabar la mecanografía de *Pedro Páramo*. Es seguro, desde luego, que en el proceso de gestación de la obra ésta debió experimentar ajustes y ciertos cambios, de lo que queda un testimonio parcial en los diversos títulos que recibió la misma. Y si bien no hace falta, creo, detenerse en la sustitución del título *Los murmullos* (todavía en la portada de la copia al carbón del mecanuscrito que entrega Rulfo al Centro Mexicano de Escritores, quizá la última vez que la obra fue identificada así) por el de *Pedro Páramo* (como aparece en la portada del mecanuscrito original entregado al primer editor de la novela), aún queda por explorar la razón de ser del primero: *Una estrella junto a la luna*. No sería prudente dudar, por supuesto, de la importancia de esta estrella en las primeras etapas de concepción de la obra, ya que la misma podía darle título entonces.

Como el lector recordará, hay algunas menciones —cuatro— de la estrella en cuestión en la novela. Dos en cada uno de dos fragmentos consecutivos de la obra, el 31 ["Por el techo abierto al cielo..."] y el 32 ["Como si hubiera retrocedido..."]. Incluso el 33 ["—¿No me oyes?"], muy breve, tendría una relación con los dos previos a través de esa estrella, sin que se la mencione en este último. Las apariciones de la estrella no siguen una secuencia temporal simple: Juan Preciado se refiere a ella por primera vez en el segundo párrafo del fragmento 31 ("Después salió la estrella de la tarde, y más tarde la luna."), al final de la segunda tarde e inicio de la correspondiente noche que pasó en Comala (cuando muere), en casa de Donis y su hermana. En el mismo fragmento 31 se ocupa de ella por segunda vez, cuatro párrafos más adelante, en medio del acceso de miedo provocado por la que él cree, quizá, otra aparición fantasmal: la de la hermana de la pareja incestuosa, que entra al cuarto semidestechado donde él se encuentra —tirado en el suelo— para recoger unas sábanas. Paralizado, sólo con dificultad logra Juan Preciado "torcer la cabeza y ver hacia allá, donde la estrella de la tarde se había juntado con la luna". Los hermanos incestuosos (que incrementan su espanto, en el siguiente momento, al regresar a la habitación) lo suben a la cama.

Poco después aparece la misma estrella —por tercera vez— en el relato de Juan Preciado, en una especie de *flash-back* construido por él mismo ("Como si hubiera retrocedido el tiempo", comienza diciendo en el fragmento 32, para continuar: "Volví a ver la estrella junto a la luna. Las parvadas de los tordos. Y en seguida la tarde todavía llena de luz."), porque no se trata todavía de su segunda noche en Comala, sino de la primera, veinticuatro horas antes, al final de la tarde, cuando se adentraba en el pueblo y empezaba a caminar por sus calles desiertas en apariencia. Lo sabemos por el fragmento 3 ["Era la hora en que los niños..."], al que remite su *flash-back*. Fue el momento en que Juan Preciado vio "una señora envuelta en su rebozo que desapareció como si no existiera".

La cuarta y última vez que Juan Preciado observa la estrella (último párrafo del fragmento 32: "Un cielo negro, lleno de estrellas. Y junto a la luna la estrella más grande de todas.") permanece aún en casa de los hermanos incestuosos, durante la segunda noche.

Así que tenemos lo siguiente: es siempre Juan Preciado quien observa dicha estrella (tres veces con gran atención, o la recuerda en otro momento), y quien la menciona de manera puntual, como si tuviese una idea claramente formada —más que una sospecha— del papel que desempeña la misma en las peculiares circunstancias en que él se encuentra.

Incluso el hecho de que la primera vez que la vio aparezca en su relato sólo 24 horas y 29 fragmentos más tarde obedecería a una razón precisa. Esta mención tardía nos permite pensar que experimentó entonces una certeza creciente sobre el significado de ese astro. Lo que ocurre después tendería a confirmar una suposición como ésta: Juan Preciado baja de la cama y se dirige a la cocina, desde donde continúa hablando con la hermana incestuosa. Observa también el firmamento: "Un cielo negro, lleno de estrellas. Y junto a la luna la estrella más grande de todas". A continuación, pero ya en el siguiente fragmento, el 33, pregunta a su madre muerta, de manera discreta (para que la hermana incestuosa no lo escuche, y esto da más naturalidad a un hecho tan insólito), si puede oirlo: "—¿No me oyes? pregunté en voz baja". Y la madre muerta responde a su pregunta. Ya no se trata únicamente, como sucedía antes, del recuerdo de las palabras de su madre, "la viva", como la llama en el párrafo 14 del tercer fragmento; ahora ella habla desde la muerte, también con naturalidad, preguntando a su vez al hijo: "¿Dónde estás?" Esto obliga a Juan a hacerle una nueva pregunta: "¿No me ves?" Ella no puede verlo, como dice dos veces, mientras Juan percibe que la voz de su madre puede llegar a él, y perderse después, como si estuviese "más allá de la tierra".

3. No cabe duda de que la estrella que obsesiona a Juan es Venus, la estrella de la tarde. Pero difícilmente podríamos atribuir a esta estrella un papel de gran importancia en la novela (como lo indica el hecho de que Juan Rulfo hubiese pensado en darle nombre con la misma en sus orígenes) si nos limitamos a esta identificación, que procede de la historia de la cultura occidental: la pagana, para más señas, ya que el cristianismo no asigna a las estrellas ningún papel dentro de su teología. Es muy distinto lo que ocurre si recordamos que esta estrella era identificada por los antiguos mexicanos como Quetzalcóatl. Y esta deidad tan importante tenía (como ocurre en tantas otras religiones) numerosas personificaciones y manifestaciones. Salvador Mateos Higuera, en su enciclopédico trabajo sobre los dioses del México antiguo, enlista cinco deidades en relación con Quetzalcóatl: Ehécatl, Patécatl, Tlahuizcalpantecuhtli, Xólotl y Yacatecuhtli.

Los antiguos mexicanos identificaban como una sola estrella tanto la aparición vespertina como la matutina de Venus (por las características

Templo de Tlahuizcalpantecuhtli en Tula. Las grandes columnas antropomórficas conocidas como *atlantes* fueron descubiertas sólo a fines de la década de 1940, pues habían sido desmontadas y usadas como relleno en la antigüedad. Se armaron provisionalmente a nivel del suelo y así las fotografió Rulfo, poco después. En la actualidad se ubican en la cima de la pirámide, su ubicación original. Al reverso de las impresiones en papel de estas fotos Rulfo escribió a mano el nombre de la deidad. Al centro del pecho de este Tlahuizcalpantecuhtli aparece una mariposa estilizada, como ocurre en algunos códices. Sobre ésta se localizaba la Estrella de la Mañana, vinculándose así con Xólotl, la Estrrella Vespertina. Se ve una parte del muro que circunda este recinto, que recuerda el papel de Tlahuizcalpantecuhtli en la teogonía de los antiguos mexicanos.

de la órbita de este planeta, aparece una temporada por la tarde y otra por la mañana, o no aparece en absoluto), pero aún así mantenían dos nombres para ambas: Tlahuizcalpantecuhtli era la de la mañana y Xólotl la de la tarde. Es evidente que tiene interés para nosotros detenernos un poco en esta última. Como deidad Xólotl era un gemelo de Quetzalcóatl ("cuate") y se relaciona siempre con lo dual. Mateos Higuera sugiere que esto procedería de considerar a Xólotl y Tlahuizcalpantecuhtli como estrellas gemelas, a pesar de su identidad. Xólotl es también su nahual, sin dejar de ser Quetzalcóatl mismo. Era deidad de lo monstruoso, y monstruo él mismo por su cojera, ya que tenía un pie en forma de bola, o pie equino. Adoptaba la forma de un perro y bajo esta figura se convertía en el conductor de las almas de los muertos hacia su última morada en el Mictlan, que sólo él, entre las deidades del exterior, podía visitar. Laurette Séjourné nos recuerda que en el mundo mesoamericano se acostumbraba enterrar a los muertos con un perro, que sería su Xólotl personal para conducirlos al Inframundo. Todo esto implica una complejidad que sólo podemos esbozar aquí. En sus representaciones gráficas suele aparecer Xólotl con numerosos atributos, como es común en estos casos; su rostro es el de un perro y lleva en la cabeza, como remate, dice Mateos Higuera "el ojo-estrella cercado por la oscuridad nocturna y un gran jade, símbolo de lo precioso, porque preciosa era la luz que el perro Xólotl, hecho visible como Estrella Vespertina, despedía en determinadas tardes en seguimiento del sol que descendía por el Occidente, para cumplir su misión de alumbrar tenuemente a los difuntos, que estaban bajo tierra en el Mictlan, Lugar de los Muertos".

Juan Preciado, en los fragmentos citados de la novela, y como ya lo he comentado, parecería tener una idea del papel de la estrella de la tarde en el deambular de los muertos por Comala (que está "en la mera boca del Infierno": y no sólo por el calor, podría haber querido sugerir Abundio al hacer este comentario). La primera mención que hace Preciado de ella, al caer la segunda noche, anticiparía su preocupación ante la inminente aparición de las almas de los muertos, que ya le constaría por la noche anterior, y es quizá por ello que la hermana de la pareja incestuosa lo aterroriza, puesto que la observa de manera casi simultánea con su segunda visión en esa casa del astro. Ya en la cama de la pareja incestuosa lo asalta de manera muy viva el recuerdo en forma de *flash-back* de su primera tarde en Comala, con la estrella en lugar prominente. Pero sólo al recordar aquella tarde previa la menciona, no así en el tercer fragmento, que es el de su primera tarde en Comala. El *flash-back* del fragmento 32 nos revelaría que en ese momento Juan Preciado recapitula sus experiencias, ata cabos y saca conclusiones.

La cuarta mención de la estrella sugiere que Juan Preciado está tan consciente ya en este momento del papel de la misma que puede dirigirse a su madre muerta como algo natural. No es extraño en este contexto que ella le responda, lo que hace con una voz ubicua que parece atravesar todo el espacio terrestre, aunque la luz de la estrella no le permita ver a su hijo, quizá porque Dolores no está enterrada en Comala, sino en un lugar diferente, en Colima.

Por otro lado, la estrella Xólotl podría asimismo desempeñar aquí (sin contradicción con lo anterior) el papel que le corresponde en su personificación como perro, aunque sin adoptar esta forma, y sería también, de esta manera, el guía de Juan Preciado hacia el mundo de los muertos, al que no tardará en incorporarse. Es significativo que todas las menciones de la estrella de la tarde ocurran mientras Preciado se encuentra en la casa destechada a medias de la pareja incestuosa (el hecho de que se trate de una pareja de hermanos podría no ser casual, como veremos después). Los dos hermanos son los únicos seres vivos —aparte de la segunda hermana, la de las sábanas— que ve Juan Preciado en Comala, pero paradójicamente son un factor determinante para retener al hijo de Dolores en Comala el tiempo necesario para encontrarse con la muerte. En el fragmento 29 ["Vi pasar las carretas".] piensa en salir de Comala y adivina quizás el camino por donde llegó al pueblo; pero en ese momento se produce su encuentro con la pareja incestuosa, que lo invita a quedarse en su casa por el resto de la noche. Juan Preciado despierta en el fragmento 30 ["La madrugada fue apagando mis recuerdos"] con un "sol de mediodía", y pregunta a la mujer cómo se podría ir de Comala. Ella le informa que "hay multitud de caminos", e inicia una larga conversación con él. Regresa el hermano y Juan Preciado vuelve a manifestar su intención de salir del pueblo, mientras constata que ya ha avanzado la tarde: "Aprovecharé la poca luz que queda del día". El hermano se vale de estas palabras para retenerlo: "—Es mejor que espere —me dijo él—. Aguarde hasta mañana. No tarda en oscurecer..." Y a continuación viene el fragmento 31, con las

Muro circundante del Templo de Tlahuizcalpantecuhtli. Lo rematan, como almenas, representaciones estilizadas del caracol seccionado, *ehecacózcatl*. Dos de las franjas horizontales de la parte superior muestran el cuerpo de la serpiente, estilizado mediante grecas escalonadas. En la franja intermedia se ven más claramente las serpientes y los cráneos del Reino de los Muertos –el Mictlan– que han debido atravesar Quetzalcóatl y Xólotl para permitir que haya un nuevo día, cuya inminencia se anuncia con la aparición de Tlahuizcalpantecuhtli.

primeras dos menciones de la estrella de la tarde y lo que sigue. Sería esta pareja de vivos, pues, la encargada de retener a Juan Preciado en Comala, lo que quizá no interesa a los muertos. Serían colaboradores de Xólotl, o algo más, aunque vivientes. Y también parecería necesario que la casa de los hermanos tuviese una parte del techo caída en el suelo: así podrá Juan Preciado mirar el cielo a través de la gran abertura y observar por ella tres veces la Estrella Vespertina, y también recordar, como consecuencia de esto, la primera tarde en que la había visto, todavía en las calles de Comala.

4. No quiero sugerir que esta forma de leer una parte de la novela sirviese igual para la versión que Rulfo estaba desarrollando en la década de 1940 que para la que terminó de escribir en 1954. Pero tampoco se trataría de dos obras por completo diferentes. Juan Rulfo no podía poblar su novela de personajes muertos y aludir a otras dimensiones simbólicas de la vida humana vinculadas a esto sin proporcionar un sustento —mítico en este caso, el único posible— a tales desarrollos de su historia. Y muy probablemente en las primeras fases de gestación de su obra trató de hacerlo mediante el papel asignado en la teogonía del México antiguo a Xólotl, la Estrella Vespertina. Esto debió tener una gran importancia para el autor en aquella etapa, al grado de constituir el rasgo principal de la obra y poder, incluso, dar así nombre a la misma. Quizá al aumentar la complejidad de su proyecto literario él mismo redujo la "explicación" del deambular de las ánimas por Comala —así como el acercamiento del hijo de Dolores a su muerte y alguna otra dimensión que encierra el tema de Xólotl, como veremos— a la casi críptica aparición de la estrella ante los ojos de Juan Preciado y la peculiar atención que éste le presta. El papel de la estrella que alumbra el mundo de los muertos (y les permite moverse, hablar, "aparecer", en una palabra), y que también los guía al Inframundo, no desapareció, desde luego; pero, finalmente, fue uno más en el elenco de la elaboradísima obra literaria que Rulfo estaba concibiendo. Sin descartar, por otra parte, como ya he sugerido, que esta estrella —o más bien la deidad asociada a la misma— tenga un papel no por menos evidente de menor importancia en otro flanco de la propuesta simbólica de la novela.

Sin referirse a la estrella, Pedro Páramo sabe que la noche es el momento en que los muertos vuelven. En el último fragmento, el 69 ["Allá atrás, Pedro Páramo, sentado..."], sabemos que Pedro Páramo no deseaba ya pasar otra noche vivo, porque las noches "le llenaban de fantasmas la oscuridad." Sus fantasmas, sin embargo, podrían ser de otra índole; quizá se trataba únicamente de recuerdos: "Sus ojos apenas se movían; saltaban de un recuerdo a otro, desdibujando el presente". Al parecer la historia de Abundio, con sus manos ensangrentadas y pidiendo ayuda, se repetía todas las noches, y su voz se apagaba sólo al llegar el día, porque Pedro Páramo dice que si vive una noche más lo volverá a ver en esa forma.

Abundio, por otra parte, sería al principio de la novela un fantasma que no tendría impedimento para aparecer a la luz del día. Acompaña a Juan Preciado durante lo que podemos suponer son las horas de la tarde, bajo el rayo del sol canicular. Sólo al llegar a Comala comienza a atardecer (y, con la rapidez de nuestras latitudes, pronto anochecerá: de hecho, apenas al terminar de hablar Juan Preciado con la primera mujer fantasma: "Había oscurecido", advierte entonces). Estaríamos, pues, con Abundio, frente a un caso de aparecido que no cabe en el esquema de los que sólo pueden moverse cuando la tenue luz de la Estrella Vespertina ilumina el Mictlan. Y esto puede sugerir la naturaleza de los cambios que experimentó la obra de Juan Rulfo en el largo proceso de su intrincada gestación: es decir, y en este caso, el abandono parcial de un esquema en el que esta estrella tenía un papel primordial en 1947, pero quizá ya no, al menos no en la misma medida, en años posteriores. No, desde luego, en 1954, aunque no hubiese desaparecido del todo la importante presencia de la estrella de la tarde, como ya hemos visto.

Por otra parte, quizá se vinculen con Xólotl ciertos aspectos del personaje de Dorotea *la Cuarraca*, cuyo apodo nos dice que era deforme, bamboleante, coja, como Xólotl, y en lugar de tratarse de un perro es ella, una coja, la que acompañaría bajo tierra a Juan Preciado en su travesía al otro mundo. Incluso, Dorotea tiene ya la experiencia de haber estado allá, de haber ido y regresado, como Xólotl precisamente. Estuvo en el Cielo merced al "sueño maldito", mediante el que se enteró de que no había tenido un hijo, y luego la despacharon con estas palabras: "ve a descansar un poco más a la tierra, hija, y procura ser buena para que tu Purgatorio sea menos largo".

Una idea parecida a la del viaje al otro mundo en compañía de alguien aparece en la novela cuando Eduviges le dice a Juan que ella y

Detalle de la decoración de una de las salas del Palacio de las Columnas, donde se advierte con mayor precisión el entretejido de los motivos vinculados tanto al cuerpo de la serpiente como a los caracoles seccionados.

Dolores se habían hecho la promesa de morir juntas, para no ir solas en el último viaje. Por otra parte, es Dorotea la que orienta a Juan Preciado en la sepultura, dándole noticias sobre la identidad y procedencia de las voces, como la de Susana San Juan o la del muerto de Vilmayo. Dorotea es su guía, indudablemente, en ultratumba.

Y quizá Malcolm Lowry (quien decidió escribir el nombre de Cuernavaca como corresponde, en náhuatl: *Quauhnáhuac*) también sabía algo de Xólotl como perro de compañía de los muertos. Al morir el Cónsul su cuerpo cae en una de aquellas hendiduras de Cuernavaca que son como vías de acceso al Infierno. En seguida la novela termina con estas palabras: "Alguien tiró tras él un perro muerto en la barranca."

Laurette Séjourné define a Xólotl como "el explorador titular del País de los Muertos" y nos recuerda también que "el dinamismo creador que la muerte adquiere en este sistema es el simbolismo de Tlahuizcalpantecuhtli, la entidad que es el resultado directo de la acción temeraria de Xólotl". La Estrella Matutina es portadora de un mensaje de renacimiento y anticipa la salida del sol, pero su aparición sería imposible sin la intervención de Xólotl. De hecho, como también dice Séjourné, fue Xólotl quien alumbró al Quinto Sol, y así se encuentra representado en algunos códices, pariendo al astro solar. Porque la muerte era la materia prima de la vida, según la teología de los antiguos mexicanos (e incluso, podemos agregar, la teología católica reconoce igualmente algo así, tanto por la idea de la vida que nos espera después de la muerte como por el acceso a ella que nos abrió la muerte de Cristo).

Quetzalcóatl creó una nueva raza de hombres, los actuales, con los huesos que robó del Mictlan en un acto de gran atrevimiento, adoptando la forma de Xólotl o con la ayuda de este como su nahual. A diferencia del mito bíblico, para los antiguos mexicanos la pasta de los hombres de hoy no fue amasada con tierra, sino con el polvo de los huesos de una humanidad extinta. Así, aun la muerte de Comala entera encierra una posibilidad de resurrección, que podría provenir de la estirpe a ser procreada (para escándalo del obispo que escucha las palabras de la hermana de Donis) por la pareja incestuosa, no como Adán y Eva quizá, sino como la pareja primordial del México antiguo, los hermanos gemelos varón y hembra llamados *Cocome*, creados por Quetzalcóatl a partir de los huesos robados del Reino de la Muerte, con los que Cihuacóatl hizo en el metate una masa que Quetzalcóatl, siempre ayudado por Xólotl, mezcló con su sangre y la de los otros dioses. La masa, al ser contemplada por el dios supremo e increado, Tonacatecuhtli, cobró vida. De lo anterior podría derivarse el posible vínculo, muy sutil, de Donis y su hermana con la Estrella Vespertina, es decir, Quetzalcóatl, o Xólotl.

Rulfo tomó fotografías de algunas ciudades mesoamericanas, e incluso dedica un texto suyo de carácter narrativo a una de ellas, Castillo de Teayo, con constantes alusiones a los dioses cuyas representaciones escultóricas se encuentran en esa ciudad, a cada paso. Es quizá significativo que, por ejemplo, en Teotihuacan sólo tomase una foto de la Pirámide del Sol y casi una docena del templo de Quetzalcóatl, con las poderosas cabezas de piedra de Quetzalcóatl y Tláloc. Y de ningún edificio más. Igualmente hizo numerosas tomas del Templo de Tlahuizcalpantecuhtli en Tula, con los llamados "atlantes" que representan a esta deidad y el largo muro con los cráneos del Reino de los Muertos que ha debido atravesar Xólotl para permitir que haya un nuevo día. Tiene Rulfo asimismo numerosas fotografías de la ciudad de Cholula, cuyo nombre proviene del de Xólotl. En Oaxaca sólo tomó dos fotos, casi idénticas, de un edificio de Monte Albán y una gran cantidad de Mitla, palabra que es una deformación de Mictlan. Reprodujo las grecas de los relieves de esta última ciudad, que simbolizan a Quetzalcóatl. Una foto suya de Xochicalco muestra la gran serpiente emplumada del basamento principal, y en Calixtlahuaca registró el templo redondo de Ehécatl, una de las personificaciones de Quetzalcóatl. Esto no excluye otros motivos también presentes en sus fotografías del mundo mesoamericano, pero las imágenes vinculadas a Quetzalcóatl en sus diferentes representaciones, así como al Inframundo, no son nada desdeñables en intención y número, por sutiles que sean los indicios.

5. Un excesivo apego a la interpretación de cierto rasgo de una obra literaria puede anular el beneficio de una lectura enriquecida por esa nueva perspectiva. Creo que lo que aquí se ha ofrecido sobre el posible significado del primer título que dio Rulfo a la obra que terminaría llamándose *Pedro Páramo* (sin olvidar que no sólo cambió de nombre, por supuesto) no carece de fundamento, pero tampoco quisiera sugerir que la novela se lea después de este ejercicio de manera radicalmente diferente. Quizá sólo ciertos pasajes podrán ahora comprenderse bajo otra luz, y volveremos a comprobar que la de Juan Rulfo es una obra cuya complejidad está lejos de haberse explorado por completo. Algún crítico menor se apresuraba a sugerir su agotamiento en años recientes, para complacer a los protagonistas que hasta hace poco (y pareciera haber transcurrido un siglo desde entonces) dominaban el flanco político del campo literario mexicano —desde la derecha, por si hiciera falta decirlo—, mientras transmitían la ilusión de que su dominio de la literatura propiamente dicha era igualmente sólido. Quién diría que esa literatura, mera retórica del poder establecido, se hubiese de hundir ante nuestros mismos ojos, con tal rapidez, en el olvido.

Es difícil, por otra parte, aceptar o negar que *Pedro Páramo* pudiera tener otras lecturas de este tipo, cuyos rastros estarían aún por descubrir. Pero no debería sorprendernos que alguien los encuentre y desarrolle bien. En cualquier caso, la justificación del presente esfuerzo se encuentra en la importancia que puede atribuirse a cierto elemento de una obra literaria por el hecho de que su autor hubiese decidido emplearlo como primer título de la misma. Éste, creo, no es ningún dato de poca importancia.

ADDENDUM

El texto anterior fue publicado con ciertas variantes en 2003. A mediados de 2004 José Carlos González Boixo me hizo llegar un recorte del periódico español *Diario 16* del 14 de febrero de 1982, con una entrevista a Juan Rulfo hecha en México por Ignacio Ezquerra y Ramón Artiach. No la conocía, y encontré ahí algo de gran interés para entender un poco más al Rulfo historiador y comprobar la importancia de la historia de México en su obra.

La primera pregunta que dirigían los españoles a Rulfo era ésta: "Háblenos de su vocación de escritor". La respuesta de Rulfo arranca de manera singular: "Mi verdadera vocación es la historia. Lo de la literatura vino como tenía que venir, como una cosa aparte: tantas lecturas que tuve de chico terminaron influyéndome. Así que un buen día me dio por hacer algo por mí mismo; pero, para mí, escribir ha sido por siempre un entretenimiento. Yo no soy más que un aficionado".

Ezquerra y Artiach no perciben el tema que Rulfo desea abordar. Se adentran, así, en los asuntos más peregrinos. Rulfo, sin embargo, regresa a la historia. Le preguntan, por ejemplo: "Díganos ¿qué sentido tiene, en su novela, la búsqueda del padre?" Rulfo insiste en el tema que le gustaría tocar: "… el mexicano está muy ligado tanto a su familia como a la tradición. En las clases humildes la juventud se encuentra atada de pies y manos a su pasado. La búsqueda de ese padre de alguna manera puede expresar la incapacidad para afrontar el porvenir, la lucha por una identidad nacional —Pedro Páramo tiene mucho del conquistador español—, la condena a un ayer en el que todos están muertos".

Y aquí hago una breve digresión: al responder a la entrevista escrita que le hizo el argentino Máximo Simpson hacia 1970, que sólo se dio a conocer en 1997, Rulfo identificaba ya a Pedro Páramo con el encomendero español, por lo que en 1982 no hacía la primera alusión a ello. Pero regresando a los españoles, éstos insisten en llevar a Rulfo a cualquier otra parte: después de una pregunta sobre el "complejo de Edipo" llegan a la filosofía: "¿Se considera usted un existencialista? Rulfo comienza por ahí, pero sólo para llegar, una vez más, a la historia de México. Y vean ustedes qué punto le interesa: "En mi literatura se da un existencialismo que no es el europeo, de naturaleza reflexiva, sino algo que tiene que ver mucho con el fatalismo temperamental del indígena. Quizá sea una mezcla, un mestizaje entre las dos culturas. Fíjense ustedes que el sol, que actúa como un factor determinante en "El extranjero" de Camus, tiene en la mitología azteca la categoría de un dios; un dios que ciega a los hombres, que produce la inconsciencia, la gratuidad del crimen en determinados momentos. El sol determina el comportamiento de muchos de mis personajes".

Lo anterior no me sorprendió del todo, como se puede comprender. Recordé unas líneas de *Pedro Páramo*, las del posible apuñalamiento de Pedro Páramo por Abundio:

—Vengo por una ayudita para enterrar a mi muerta.
El sol le llegaba por la espalda. Ese sol recién salido, casi frío, desfigurado por el polvo de la tierra.
La cara de Pedro Páramo se escondió debajo de las cobijas como si se escondiera de la luz, mientras que los gritos de Damiana se

oían salir más repetidos, atravesando los campos: "¡Están matando a don Pedro!"

Podrían encontrarse otros ejemplos de este tipo, y no sólo en la novela. Que nadie los hubiese buscado a pesar de los indicios que dejaba Rulfo sólo revela los riesgos que entrañan las rutinas académicas. Todo el mundo propone ahora, por ejemplo, enfoques de género, vengan o no a cuento en todos los casos, pero pocos saben buscar en la propia obra de un autor lo que ésta sugiere, sobre todo si estas líneas de investigación exigen competencias que se alejan de la especialidad de los estudios literarios. El caso de Rulfo, por la profundidad y diversificación de sus intereses intelectuales (al extremo de considerar él mismo a la literatura algo un tanto accidental en su vida), significará todavía por untiempo un desafío mayor para los estudiosos.

BIBLIOGRAFÍA MÍNIMA

Mateos Higuera, Salvador, *Enciclopedia gráfica del México antiguo,* México, Secretaría de Hacienda y Crédito Público, 1993. La cita proviene del tomo II, p. 243.

Rulfo, Juan, *El Llano en llamas, Pedro Páramo,* edición definitiva de la Fundación Juan Rulfo, México, Editorial RM, 2005.

—— *Aire de las colinas: cartas a Clara,* ed. de Alberto Vital, México, Plaza y Janés, 2000.

—— *Letras e imágenes,* con una introducción de Víctor Jiménez, México, Editorial RM, 2002.

Séjourné, Laurette, *El universo de Quetzalcóatl,* México, Fondo de Cultura Económica, 1984 [1ª ed.: 1962]

Templo de Quetzalcóatl en Teotihuacan. Descubierto por los arqueólogos en la década de 1920, su rica fachada escultórica alterna cabezas de Tláloc (con ojos circulares) y Quetzalcóatl. Rulfo hizo sólo una fotografía de la Pirámide del Sol y numerosas de este templo. La deidad aparece aquí como la Serpiente Preciosa. Las plumas indican su alta jerarquía, circundan su cabeza y se reparten sobre su cuerpo ondulante, extendido en todos los niveles de la pirámide. Las fotos de Rulfo datarían de la década de 1940, cuando el descubrimiento de este edificio aún era reciente.

"YA DE POR SÍ LA VIDA SE LLEVA CON TRABAJO"
REFLEXIONES EN TORNO A ALGUNOS COMPONENTES RELIGIOSOS DE LA NOVELA *PEDRO PÁRAMO*

ÁNGEL ALZAGA

La obra de Juan Rulfo ha provocado a lo largo de los años una bibliografía inmensa y, de hecho, actualmente inabarcable. Sobre todo *Pedro Páramo*, cuya trama el autor despliega a lo largo de diferentes líneas que a veces discurren paralelas y a veces se entrecruzan misteriosamente, se prestaba divinamente a los análisis posicionales estructuralistas de los años sesenta y setenta. Si además se tiene en cuenta que no es en absoluto difícil viajar desde Comala a la Tebas helénica o al fúnebre Mictlan, se comprenderá que las interpretaciones, como el número de los diablos evangélicos, han sido legión. Rulfo, siempre socarrón, nos hablaba, ya en 1976, del crítico excesivo al que "se le pasó la mano" (Entrevista en *Toda la obra* 1992: 880)

En cierta forma una vuelta al dato original se impone. En toda lectura crítica de cualquier obra literaria hay siempre un intercambio dialéctico entre la apropiación del texto y la estructura teórica mediante la cual se realiza. La solución ideal es seguramente aquella en la que se evite cualquier tipo de reduccionismo. Este artículo quiere enfrentarse con el dato religioso presente en *Pedro Páramo* desde el punto de vista weberiano de que la explicación de un fenómeno religioso debe hacerse en primer lugar desde premisas dadas por la religión. Como es sabido no existen textos dados, sino textos leídos, interpretados. Nosotros creemos que la primera interpretación del elemento religioso de *Pedro Páramo* debe ser religiosa.

Cuando hablábamos al comienzo de este párrafo de volver al dato original tratábamos precisamente de sugerir un acercamiento que, sin caer en la moda al uso, podríamos llamar fenomenológico. Ahora bien, un acercamiento fenomenológico pide que se tome la religión "seriously as a source of guiding concepts and principles, instead of merely phenomena under secular rubrics" (Levine 1981: 12) Por eso cuando la hermana de Donis desespera de la posibilidad de dar abasto en su oración por otras almas en pena que vagabundean por las calles (pág. 119),[1] hace referencia en primer lugar a la cuidadosa contabilidad que la iglesia católica lleva de los merecimientos y pecados de sus miembros tanto en éste como en el otro mundo, y, en segundo lugar, a la más general norma de toda religión: "*do ut des*" (Weber 1965: 27). Sólo con posteridad se podrán construir nuevas interpretaciones que integren y no nieguen estas primeras.

De estas últimas líneas se puede fácilmente deducir que cuando en este trabajo hablamos de religión no lo hacemos como sinónimo de religión católica, en cuanto tal, sino que pensamos en la estructura antropológica religiosa del hombre en la que se inscribe la necesidad de producir instrumentos que nos permitan crear una forma de sentido en situaciones extremas. Un punto de vista que no necesitamos desarrollar más aquí pero que responde tanto a la tradición de la sociología religiosa de Max Weber (Weber 1965) como a los estudios de Peter Berger y su escuela (por ejemplo Berger 1969). Pero recordemos, de acuerdo con lo dicho más arriba, que esta estructura religiosa es en el caso de *Pedro Páramo*, fundamentalmente católica.[2]

---

[1] Las citas están tomadas de la edición crítica de *Pedro Páramo* realizada por José Carlos González Boixo y publicada en *Cátedra*, Madrid 1983.

[2] No tratamos aquí el delicado problema de las posibles resonancias religiosas de tipo precolombino en la obra rulfiana. Rulfo ha insistido repetidamente en el carácter criollo de sus almas en pena y en su personal dificultad para conectar con el mundo indígena (Ver Entrevista en *Toda la obra* 1992: 876). Estas declaraciones del autor no obligan, por supuesto, al lector ni hacen imposible la existencia de las citadas resonancias, pero su eventual detección y análisis exceden ampliamente mis capacidades. (Ver en este sentido Roa Bastos, Hugo. *Los trasterrados de Comala*. En *Toda la obra* 1992: 801-813. Véase también en este mismo libro el capítulo de Víctor Jiménez *Una estrella para la muerte y la vida*).

Circunscribiéndonos al campo religioso, por tanto, vamos a analizar solamente algunos de los temas que integran el mundo confuso de Comala. Cualquier lector que, como Juan Preciado, se acerca al pueblo, se pierde pronto en el laberinto temporal que constituye ese *tempus intermedium* en el que se desplazan las ánimas en pena. De él y de su significación se ocupará la primera parte de este trabajo. La segunda parte girará en torno al calificativo de supersticiosa con el que se ha calificado repetidamente la religiosidad de las gentes de Comala. Superstición y religión oficial, veremos, son dos caras de la misma moneda, siendo el ejercicio del poder la tenue línea que las separa. La estructura religiosa de Comal está marcada por el poder. Y es, en este sentido, un reflejo preciso de la estructura social. En ella entronca otro elemento de raíz religiosa sobre el que repetidamente se ha insistido en los trabajos que han estudiado esta novela: la imposible esperanza, la desolación total. Como también veremos, la desesperanza está expresada mediante una escatología truncada y el único Mesías que se atisba es el Cristo guerrero de los *cristeros*. Lo que no quita que el padre Rentería abra alguna ventana aun cuando cierre la puerta principal.

1. UN LUGAR DE PASO EN UN TIEMPO INTERMEDIO

La primera lectura de *Pedro Páramo* nos deja con el mismo sentimiento de inseguridad que Juan Preciado tiene tras recorrer las primeras calles de Comala: ¿dónde estamos? No es de extrañar que se hayan dado varios tipos de respuestas y que se haya sugerido que el lugar adonde hemos llegado no sólo es "la mera boca del infierno" (pág. 68), sino el infierno propiamente dicho, el Hades tenebroso donde no hay ninguna esperanza (por ejemplo Rodríguez-Alcalá 1992; Sabugo Abril 1985) Comala de hecho es descrita como un lugar desprovisto de ilusiones y Dorotea, la vieja y desquiciada alcahueta, ha perdido toda esperanza y sabe que "cuando a una le cierran una puerta y la que queda abierta es nomás la del infierno, más vale no haber nacido..."(pág. 135), citando la forma evangélica de nombrar a los condenados.

La concepción del infierno, sin embargo, en la doctrina tradicional católica, se caracteriza por lo definitivo de sus penas, como muy bien saben los habitantes de Comala. El infierno es el lugar "de los que mueren en pecado mortal: allí son atormentados con fuego y penas eternas" afirmaba con rotundidad el catecismo del Padre Ripalda, que sirvió a la gran expansión católica de la contrarreforma y la evangelización del Nuevo Mundo. Y es precisamente esa característica la que falta en las referencias que se hacen al más allá en el texto de *Pedro Páramo*. La hermana de Donis se refiere a la infinidad de ánimas que se cruzan por las calles de Comala y explica a Juan Preciado el dilema en que se encuentran los habitantes del pueblo:

> Si usted viera el gentío de ánimas que andan sueltas por las calles. En cuanto oscurece empiezan a salir. Y a nadie le gusta verlas. Son tantas, y nosotros tan poquitos, que ya ni la lucha le hacemos para rezar porque salgan de sus penas. No ajustarían nuestras oraciones para todos. Si acaso les tocaría un pedazo de Padre nuestro. Y eso no les puede servir de nada. Luego están nuestros pecados de por medio. (pág. 119)

Hay muchos años bien aprovechados de catecismo tridentino detrás de este comentario. La posibilidad de la salvación, el efecto de las buenas obras, la comunión de los santos, los efectos de la gracia santificante, constituyen la trama doctrinal sobre la que se teje el comentario aparentemente banal de la hermana incestuosa. Y por supuesto la existencia del purgatorio. La referencia a un tipo de transacción con la divinidad mediante la que se intercambian oración y buenas obras por una limitación de la estancia en el purgatorio es constante a lo largo del texto. Juan Preciado es asaltado por almas en pena que le insisten "Ruega a Dios por nosotros" (pág. 128) y algo parecido le sucede a Damiana Cisneros cuando encuentra un velorio donde difuntos velan a difuntos. También a ella se le piden oraciones (pág. 108). Todo el pueblo esta lleno de los ecos, murmullos y bisbiseos de las almas que insistentemente comercian su salvación. No es extraño que Juan Preciado diga que aquello parecía "el murmullo de mucha gente en día de mercado"(pág.128). Sería prolijo acumular citas. En todas ellas se apunta a la necesidad de una cierta compensación en el intercambio entre Dios y sus fieles, de forma que de nuevo se consiga el equilibrio que permita el acceso al paraíso. En este sentido los habitantes de Comala están muy lejos de la *sola fide* luterana y sus reflexiones apuntan y directamente nombran el lugar propio de la escatología católica donde se realiza ese intercambio entre sufrimiento y culpa, lugar que la tradición católica llama purgatorio. Resulta interesante señalar, por otro lado, la ausencia total del diablo en el texto de Rulfo. Ahora bien, el diablo o los diablos pueblan toda referencia literaria o gráfica al infierno en el imaginario católico. Su ausencia de nuevo nos indica que no es allí donde se encuentran las almas en pena que pueblan Comala. Las almas en pena de Comala lo son fundamentalmente porque están penando sus pecados en aquel lugar llamado purgatorio donde "las almas allí detenidas son ayudadas por los sufragios de los fieles" (Denz. 983), como se afirma en la *Profesión de fe tridentina*, promulgada por Pío IV. En ese sentido Comala se construye sobre el modelo del purgatorio.

Ciertamente en éste como en otros aspectos del mundo religioso que caracterizan al universo de Juan Rulfo existen incongruencias. Se habla a veces de una situación en que toda esperanza está ausente, de la imposibilidad de rogar por los difuntos porque no hay quien lo haga o porque los que podrían hacerlo no reúnen las características necesarias, se afirma también a veces que algunas de estas ánimas están en situación de pecado mortal y por lo tanto, debemos suponer, sin la posibilidad de acceder al paraíso puesto que el purgatorio sólo está abierto para aquellos que mueren libres de falta grave etc. Pero debemos tener en cuenta que el mundo que Rulfo describe es un mundo rural, que sus fuentes eran también populares y que la religiosidad popular trata de responder a necesidades frecuentemente contradictorias, sólo parcialmente resueltas por la religiosidad expresada en la doctrina codificada. Como señala Alphonse Dupront (1987: 426) la religiosidad popular no es ni un cuerpo doctrinal, ni un cuerpo eclesial, ni un código ético y por ello es vano buscar en ella la totalidad lógica que el grupo de expertos eclesiásticos, las más de las veces sin mucho éxito, trata de imponer al cuerpo doctrinal.

Los comentarios de los diferentes personajes, vivos o muertos, que habitan en Comala o en la Media Luna apuntan a la intersubjetividad en que se resuelven las estructuras profundas de la personalidad. Michael Jackson ha dedicado una buena parte de su obra a elucidar los mecanismos que trabajan en las relaciones intersubjetivas (Jackson 2002a; 2002b). Al contrario que los estructuralistas que tratan de estudiar esta intersubjetividad formalizándola en estructuras lógico-matemáticas, insiste Michael Jackson en un sentido anterior a la lógica que se resolvería "in terms of relations of reciprocity" (Jackson 2002b: 2) De aquí la profunda necesidad que toda persona siente de conseguir un cierto equilibrio en los intercambios intersubjetivos, un equilibrio cuya falta o insuficiencia se resuelve frecuentemente en violencia tanto entre los hombres como en la relación entre hombres y dioses. Cuando Pedro Páramo se entera de la muerte de su hijo sabe que el momento de empezar a pagar, de restablecer el equilibrio, ha comenzado. De ahí su comentario:

- Estoy comenzando a pagar. Más vale empezar temprano, para terminar pronto. (pág. 137)

Los murmullos de las almas en pena de Comala apuntan en la misma dirección y los análisis tradicionales de la iglesia sobre las consecuencias del pecado se apoyan sobre la misma concepción. En el delicado equilibrio entre el cielo y la tierra se ha introducido un elemento de distorsión al que tradicionalmente se le ha llamado pecado. El pecado es una ofensa a Dios, pero su perdón no significa que el equilibrio haya sido restaurado. La teología católica hace una fina distinción entre dos conceptos a los que técnicamente denomina *culpa* y *poena*. La culpa puede perdonarla Dios, no así la pena que permanece como un desorden en la comunicación con el más allá. Ese desorden queda registrado y exige su compensación en sufrimiento, ya sea propio ya vinculado a los sufrimientos de Cristo en la cruz. "La justicia de Dios exige que una pena proporcionada restablezca el orden perturbado por el pecado.", dice Tomás de Aquino (De purgatorio. Suplem. ap.2).

En este mundo andan envueltas los personajes vivos o difuntos de Comala. Esta es su preocupación. Por eso sus ruegos. Entre los equilibrios que enderezar puede haber algunos que tengan efectos, digamos, colaterales, y no siempre es seguro que nuestra oferta sea la mayor:

No estés convencida de eso, hija. ¡Quién sabe cuántos estén rezando ahora por él! Tú estas sola. Un ruego contra miles de ruegos. Y entre ellos, algunos mucho más hondos que el tuyo, como es el de su padre. (pág. 93)

El intercambio de favores se hace por encima de la frontera de la muerte. La doctrina habla de tres iglesias, la militante, la purgante y la triunfante, entre las que el tráfico se realiza en todas la direcciones. La conversación entre la madre Villa y Abundio cuando éste decide emborracharse tras la muerte de su esposa, es significativo en este sentido:

> – Te daré dos decilitros por el mismo precio y por ser para ti. Ve diciéndole entretanto a la difuntita que yo siempre la aprecié y que me tome en cuenta cuando llegue a la gloria.
> – Sí, madre Villa.
> – Díselo antes de que se acabe de enfriar.
> – Se lo diré. Yo sé que ella también cuenta con usté pa que ofrezca sus oraciones. (pág. 190)

A veces en el arreglo de cuentas con el más allá, la logística de la salvación exige que se entremezclen contabilidades más terrenas, pero no por ello lejanas del tipo de racionalidad aquí referido: el dinero es al fin y al cabo una forma de sufrimiento materializado.

> – Tal vez rezando mucho.
> – Vamos rezando mucho, padre.
> Digo tal vez, si acaso, con las misas gregorianas; pero para eso necesitamos pedir ayuda, mandar traer sacerdotes. Y eso cuesta dinero. (pág. 96)

El mundo que Rulfo nos construye en *Pedro Páramo* además de ocupar un lugar transitorio en la geografía escatológica está también dotado de un tiempo que no se revela menos interesante al estudio. Una primera lectura del texto nos ofrece tres referencias temporales, por llamarlas de algún modo. La Comala paradisíaca presente en el recuerdo y las descripciones de Dolores y en los recuerdos de infancia de Susana San Juan, un tiempo anterior a la historia, típico de los paraísos originales:

... Llanuras verdes. Ver subir y bajar el horizonte con el viento que mueve las espigas, el rizar de la tarde con una lluvia de triples rizos. El color de la tierra, el olor de la alfalfa y del pan. Un pueblo que huele a miel derramada ... (pág. 83)

La Comala real, histórica, caracterizada por un tiempo linear. Es la Comala donde Pedro Páramo es señor e impone su ley y que es narrada con intermitencias a lo largo del relato. Es el tiempo de la injusticia, la brutalidad y la desdicha.

– Hay pueblos que saben a desdicha. Se les conoce con sorber un poco de aire viejo y entumido, pobre y flaco como todo lo viejo. Este es uno de esos pueblos, Susana. (pág. 152)

Esa Comala vive petrificada en un mundo de opresión adonde ni llegó la Revolución, ni siquiera alcanzó la ilusión de una posible revolución.

Y existe el tiempo *post morten*, el que caracteriza a la Comala que encuentra Juan Preciado y en el que él se introduce. Este último constituye la creación propia del novelista, el que desconcierta al lector y lo fascina al mismo tiempo. Un tiempo hecho de idas y venidas, caminos y atajos, donde las almas de los difuntos se codean por encima de los años y se convierten en "fantasmas de fantasmas" como dice Carlos Fuentes. Enfrentado con la desolación de la Comala histórica a Juan Rulfo no parecen quedarle sino dos salidas: condenar a los habitantes de Comala al infierno de la reacción política y la ignorancia clerical –¿y por qué debería hacerlo?– o invitarlos a uno de los dos paraísos, el del heroísmo cristero o el del humanismo revolucionario progresista, cuando toda la tradición mexicana desde los años veinte para acá está de acuerdo en la inexistencia de ambos. Toda la novela de la Revolución, la cristera incluida, ha sido una variación entre estos dos extremos. Rulfo se escapa de esta aporía mediante un recurso literario, en el mejor sentido del término, y convierte de esta forma a la ficción "dans le gran laboratoire de l'imagination" (Ricoeur 1990:194) que permite la investigación de otras posibilidades que podrían haber sido. Tenemos aquí una de las variadas formas de ficcionalizar la historia a través de las cuales se nos ofrece la posibilidad de pagar la deuda contraída con las víctimas (Ricoeur: 1985:III-335). En realidad Juan Preciado viaja a Comala por un mal entendido. Lo que viene a reclamar ya no existe. La persona que debe encontrar ha muerto.El pueblo en que debe recalar está sólo habitado por almas en pena. No hay nadie que guarde memoria de las víctimas. Sólo en el laboratorio de la literatura, como queda dicho, pueden éstas ser rememoradas.

El recurso literario de que hablamos es el emplazamiento de la Comala de las ánimas en pena en un tiempo nuevo que no es ni el tiempo cronológico de la historia ni el no-tiempo de la eternidad. Rodríguez-Alcalá en "Rulfo y la crítica" (1984: 239-240) nombra los diferentes autores que se han ocupado de este aspecto de la novela de Juan Rulfo e indica, siguiendo a Freeman, que se agrupan en torno a dos posiciones: aquellos que afirman la existencia del tiempo y los que la niegan. Freeman (1970), por su parte, habla de un tiempo simultáneamente presente a varios niveles. Carlos Fuentes (Todo Rulfo: 826) afirma igualmente: "...cuanto ha ocurrido ha ocurrido simultáneamente."

No cabe duda de que las ánimas se mueven a lo largo de una multiplicidad de líneas temporales y que sus destinos se entrecruzan para separarse después tras un breve comentario o una rápida petición. Damiana Cisneros informa a Juan Preciado:

> Mi hermana Sixtina, por si no lo sabes, murió cuando yo tenía 12 años. Era la mayor. Y en mi casa fuimos dieciséis de familia, así que hazte el cálculo del tiempo que lleva muerta. Y mírala ahora, todavía vagando por este mundo. Así que no te asustes si oyes ecos más recientes, Juan Preciado. (pág. 109)

Al poco nos enteramos de que Damiana también está muerta cuando da esta información a Juan Preciado. Que a su vez, muerto también, refiere toda la historia de su reciente llegada a Comala a Dorotea, pacientemente alojada en su tumba, a pocos pasos de la de Juan Preciado. Existe en esta secuencia del relato fundamental una clara simultaneidad en la existencia de personajes, todos ellos habitantes de la Comala *post morten*. El desarrollo secuencial de los acontecimientos sigue sin embargo aquí la lógica temporal del antes y el después. Desde la posición final de Juan Preciado puede éste relatar a Dorotea su encuentro con Damiana Cisneros, que a su vez ha encontrado a su hermana mayor, muerta muchos años ha. Lo que aquí se da es una coexistencia entre personajes cuya vida en el tiempo ha transcurrido en diferentes momentos.

La situación se complica cuando la línea temporal del antes y el después se quiebra, con lo que se nos confirma la idea ya anticipada por la coexistencia de los personajes: estamos en un tiempo puntual, sin diferencia entre presente, pasado y futuro, pero en el que transcurren cosas y en el que por lo tanto hay mudanza. Nos encontramos con el mismo problema con el que se encontraban los filósofos cristianos que debían explicar racionalmente la situación de las almas separadas en espera de la parusía. Tomemos un ejemplo entre varios. Eduvigis se entera por boca de Juan Preciado de que la madre de éste ha muerto hace siete días.

> Pobre de ella. Se ha de haber sentido abandonada. Nos hicimos la promesa de morir juntas (...) por si acaso encontrábamos alguna dificultad (...) ¿Nunca le habló de mí?
> – No, nunca.
> – Me parece raro. (...) ¿De modo que me lleva ventaja, no? Pero ten la seguridad de que la alcanzaré. Sólo yo entiendo lo lejos que está el cielo de nosotros: pero conozco como acortar las veredas. Todo consiste en morir, Dios mediante, cuando uno quiera y no cuando Él lo disponga. O, si tú quieres, forzarlo a disponer antes de tiempo. (...) Lo único que quiero decirte ahora es que alcanzaré a tu madre en alguno de los caminos de la eternidad. (pág. 74)

Cuando Eduvigis pronuncia estas agoreras palabras y apunta a la forma de solucionar el problema presentado por la muerte prematura de la madre de Juan Preciado, está ya muerta. La premonición de su muerte no es tal en realidad. Se trata de una profecía orientada al pasado. Eduvigis se suicidó muchos años antes de la muerte de su amiga Dolores.

No es extraño, por tanto, que Juan Preciado, perdido en la frontera entre la vida y la muerte, sienta que el tiempo retrocede. La misma sensación que el lector tiene cuando la hermana de Donis informa del intercambio entre unas sábanas limpias y un trozo de cecina más unas tortillas o cuando uno advierte que hay almas que se aparecen a almas que se aparecen a almas. La substancia del tiempo de la Comala *post morten* no responde a los mismos parámetros que el tiempo cósmico aristotélico, ni el difícil tiempo fenomenológico del Agustín de las Confesiones.

Como decíamos antes, los primeros filósofos cristianos se encontraron con una situación parecida al discutir la problemática que presentaba la distancia entre la muerte y la consumación de la escatología general. En los primeros siglos del cristianismo resultaba difícil de comprender una fijación definitiva de la suerte final de la persona muerta en la que tanto la comunidad como el cuerpo no quedaran incluidos. Es la persona en su totalidad la que ha sido destinado a una "duración eterna", como dice Atenágoras ya en el siglo II (Müller 1998:553); debe ser la totalidad compuesta por el alma y el cuerpo los que deben ser "transformados". Se plantea por lo tanto el problema del estado del alma antes de la vuelta final de Cristo. Hasta finales de la Edad Media ésta es la perspectiva general desde la que se ve la muerte. Así aparece la idea de un *status intermedius* que con posterioridad se teoriza bajo el concepto de evo (*aevum*) o eviternidad. Esta situación del alma separada, pero destinada necesariamente a un cuerpo por el que clama por unirse para restablecer la unidad substancial (*forma*), lleva una existencia que ni transcurre en la eternidad ni forma parte del tiempo.[3]

---

[3] No nos vamos a prolongar aquí sobre el concepto de *aevum* y su relación con lo que aquí llamamos *status intermedius*. Esta compresión del alma separada como estando a la espera de una solución definitiva pierde vigencia al final de la Edad Media con la declaración *Benedictus Deus* (1336) del Papa Benedicto XII que da acceso al paraíso al alma separada dotada de la gracia de la justificación. Véase la obra citada de Gerhard L. Müller pág. 552-559. El concepto de "evo" sigue apareciendo en las filosofías y teologías de corte escolástico hasta nuestros días. (El libro del padre Antonio Royo Marín "Teología de la Salvación", reeditado en 1997, dedica seis páginas al "evo", páginas 199 a 205) si bien también es cierto que la mayoría de los textos posteriores al Concilio Vaticano II han dejado de lado esta problemática. En realidad son las características de este "evo" lo que nos interesa aquí, como veremos en el texto. Son estas características las que se transmiten en la predicación y en la literatura de devocionario hasta la segunda mitad del siglo XX. En los años 1930-1940 por ejemplo en los seminarios mexicanos "el ciclo de filosofía comprendía la filosofía tomista; de acuerdo con el espíritu tridentino (...) los diversos cursos estaban orientados a la te-

Las características de este transcurrir que no es ni tiempo ni eternidad son estudiadas por Tomás de Aquino cuando trata de mostrar las diferencias entre la medida del ser permanente de Dios, la eternidad, la medida de las cosas mudables, el tiempo, y la de aquellos seres "que se apartan menos de la permanencia del ser, porque su ser no consiste en la mutación, ni es sujeto de mutación; y no obstante se reconoce en ellos cierta mutación que les es adjunta, ya en acto, ya en potencia: tales son los cuerpos celestes, cuyo ser sustancial es intransmutable, y que no cambia sino con relación al lugar. Sucede lo mismo con los ángeles, cuyo ser es intransmutable en todo lo que pertenece a su naturaleza; pero mudable en cuanto a la elección, así como respecto a sus pensamientos, afecciones y lugares a su manera: y por esto semejantes seres son medidos por el evo, que es un medio entre la eternidad y el tiempo" (Sum. Theol. I, q.10, a.5, co.) "Así pues, el tiempo tiene antes y después, el evo no tiene en sí ni antes ni después, pero es compatible con ellos; la eternidad no tiene ni antes ni después, y es incompatible con lo uno y lo otro"(Ibid.).[4] Esta compatibilidad entre la sucesión de un antes y un después y la ausencia de mudanza viene dada por la simultaneidad: "...el evo es un todo simultáneo, sin confundirse con la eternidad, puesto que el evo es susceptible de antes y después." (Sum. Theol. I, q.10, a.5, ad 2) dice de nuevo el Doctor Angélico en la respuesta a la objeción dos.

Precisamente el P.Garrigou-Lagrange, uno de los autores que eran estudiados en los seminarios mexicanos en los años treinta, aplica esta doctrina a las almas separadas: "El tiempo continuo corre sin cesar (...) La eternidad, por el contrario, es un perpetuo presente (...) La eviternidad se

---

ología" (Negrete 1988: 294 y s.). La autora nombra una serie de autores entre los que el que esto escribe sólo conoce al P. Garrigou-Lagrange y al P. Zubizarreta. Ambos tratan el tema del "evo" en sus síntesis tomistas. Cuando Rulfo ingresa en 1932 en el seminario menor de Guadalajara en el que permanecerá hasta 1934 (Vital 2004: 51) son este tipo de textos los que circulan en aquel momento.

4   Aquí y en los demás casos en que citamos la Suma Teológica hemos dado la traducción efectuada por D. Hilario Abad de Aparicio. Madrid, Moya y Plaza editores, 1880. Actualmente es accesible en la Red,< http://e-aquinas.net/?id=48>, en la página del Instituto Universitario Virtual SantoTomás.

le asemeja: permite concebir mejor la inmutabilidad del alma separada no beatificada..." (En Royo Marín 1992: 204)

Siempre es difícil saber por qué medios, a través de qué desconocidos canales se transmiten las ideas que llegan a constituir el tejido de una cultura. Borges decía que en cada palabra se resumía todo el universo. Por las palabras, aprendidas siempre en determinados contextos, nos llega el mundo. Según la lectura que aquí hemos efectuado, Rulfo, de forma más o menos consecuente, de modo más o menos consciente, nos cuenta una historia donde se intercambian estas concepciones del tiempo. El tiempo de la Comala habitada por las almas en pena no es ni el tiempo sucesivo de los mortales (*chronos*) ni el tiempo en que Dios actúa (*kairós*). Tampoco es el tiempo sin tiempo de la eternidad. Es un tiempo detenido, en el que suceden cosas sin que nada varíe, en el que ya la suerte ha sido echada, es el tiempo intermedio de la espera. Si, como dice Paul Ricoeur, el relato nos hace posible comprender el tiempo humano, la narración laberíntica de Juan Rulfo es la forma más adecuada para hacernos accesible el tiempo del más allá.

2. RELIGIÓN Y PODER

En el apartado anterior nos hemos circunscrito casi exclusivamente a la Comala que aquí hemos llamado *post morten*. Existe una Comala que guarda con aquella en parte una relación de anterioridad, en parte de simultanedidad. Es la Comala a la que Rulfo en su novela provee de una historia. La Comala que mira a la hacienda de la Media Luna desde donde Pedro Páramo, señor de tierras, mujeres y hombres, impone su ley. A esta Comala, y como un mundo paralelo que copia el mundo de la realidad social, se sobrepone el universo simbólico de la religión, caracterizado también por la monopolización del poder. Es la conjunción de estos dos monopolios la que confiere a Comala su atmósfera de desolación.

Si a la Comala habitada por las ánimas la caracteriza una espera sin esperanza, la Comala afincada en el tiempo participa de la misma desesperanza. En la Comala *post morten* los cuerpos intercambian las pequeñas noticias del más allá, no exentas de cierto cotilleo, platicando de tumba a tumba mientras las almas vagan en busca de sufragios imposibles. En la Comala temporal se vive al ritmo marcado por la Media Luna, sin la conciencia siquiera de que otra situación que la originada por la ley que emana de la hacienda pudiera ser posible. Esta Comala temporal constituye lo que más adelante la Revolución llamará el Pueblo, introduciendo de esta forma algún tipo de conciencia de la situación de opresión. Hasta entonces Comala está solo habitada por campesinos que en el lenguaje religioso serán nombrados "los fieles". Pertenecen al mundo agrario que el porfiriato ha ido dejando en las márgenes (Fares 1998: 13), lejano todavía de la *devotio moderna* ligada a las ciudades desde finales de la Edad Media. Estos fieles, este pueblo creyente, de algún modo debe encontrar un sentido a la situación y, por esta razón, "wish to be redeemed from the barriers to the finite, which express themselves in suffering, misery and death, and the threatening punishment of hell, and hope for en eternal bliss in an earthly or paradisical future existence." (Max Weber 1958: 280).[5] La religión que aparece en *Pedro Páramo* ofrece esa redención y funciona por lo tanto como una teodicea cuya promesa fundamental es un más allá libre de sufrimientos, una salvación. La moneda de cambio será, fundamentalmente, el cumplimiento de una serie de normas que garanticen la limpieza de pecado o la reinstauración en la gracia en el caso de que se haya perdido. El sufrimiento también podrá ser usado como instrumento que abra los caminos de la eternidad dichosa. De esa forma el dolor es al mismo tiempo realidad a exorcizar e instrumento para ello.

La iglesia católica con su doctrina sobre la gracia como algo que se distribuye a través de los canales que ella misma ha determinado y de los que mantiene el dominio absoluto –"el poder de las llaves"–, se encuentra en situación privilegiada a la hora de determinar quien está salvado y quien no lo está. Comprendemos así en el mundo de Comala tanto la actitud del padre Rentería como la dependencia en que se encuentran los fieles de su parroquia o también el resentimiento de aquellos que se ven privados del

---

5   Las citas de los textos de Max Weber se hacen desde las traducciones inglesas. El texto sobre la psicología de las religiones (Introducción a los artículos que aparecen en alemán bajo el título "Die Wirtschaftsethik der Weltreligionen") está tomado de "From Max Weber: Essays in Sociology" Oxford 1958. Los textos que corresponden a su. "Religionssoziologie" aparecieron traducidos en inglés en 1965 con el título "The Sociology of Religion". Londres.

salvoconducto para el paraíso. María Dyada que viene a interceder ante el padre, al fin y al cabo, dispensador de la gracia, para que "salvara a su hermana Eduvigis", que se ha suicidado poco ha, no encuentra sino resistencia en el sacerdote:

> – Ella sirvió siempre a sus semejantes. Les dio todo lo que tuvo. Hasta les dio un hijo, a todos. (...)
> – Pero ella se suicidó. Obró contra la mano de Dios.
> – No le quedaba otro camino. Se resolvió a eso también por bondad.
> – Falló a última hora – eso es lo que le dije –. En el último momento. ¡Tantos bienes acumulados para su salvación, y perderlos así de pronto! (pág. 95-96)

María insistirá y al fin consigue sólo una respuesta llena de ambigüedades. Cuando Dorotea quiere confesarse buscando también el perdón recibe una respuesta parecida. En muchas otras ocasiones somos testigos de este poder del sacerdote. La disponibilidad de los méritos acumulados por el creyente, a los que deben añadirse los de todos los santos y santas además de los infinitos obtenidos por Cristo en la cruz, pasa por las manos sacramentales del sacerdote. El fiel trata mediante la oración o el sufrimiento de obligar a la divinidad -Max Weber habla de "coercion of the god" (Max Weber 1965: 25 et passim)- pero el sacerdote en la doctrina tradicional católica tiene el poder final de decisión. Su monopolización tanto de la distribución de la gracia como de cualquier otra oferta de redención cierra el círculo de esta sociedad caracterizada por la estabilidad más absoluta. La iglesia, por su parte, procurará siempre evitar la excesiva independencia de aquellos fieles a los que Max Weber llama los "religious virtuosos" (Max Weber 1958: 280), como María Dyada que sugiere que quizá el dolor pueda decidir la salvación de una persona, independientemente del cumplimiento de las normas establecidas.

Y sin embargo la institución eclesial tendrá que estar siempre a la escucha de sus fieles so pena de quedarse sin clientela. En la dialéctica entre expertos y clientes la solución final es siempre un compromiso donde el experto no puede pedir una pureza excesiva sin exponerse a la pérdida de sus seguidores ni el fiel creyente puede alejarse excesivamente de la norma eclesial sin perder el contacto garantizado con el más allá. A lo largo de la historia, la religión popular no sólo ha impuesto sus cultos a la iglesia, como dice Dupront (1997: 426), sino también su doctrina y su moral. Cuando se rompe ese contrato el fiel busca otras formas de teodicea. En la narración de Rulfo, Dorotea, ya en el más allá, dibuja el razonamiento del fiel desilusionado:

> – No lo sé, Juan Preciado. Hacía tantos años que no alzaba la cara, que me olvidé del cielo. Y aunque lo hubiera hecho, ¿qué habría ganado? El cielo está tan alto, y mis ojos tan sin mirada, que vivía contenta con saber donde estaba la tierra. Además, le perdí todo mi interés desde que el padre Rentería me aseguró que jamás conocería la gloria (...) Ya de por sí la vida se lleva con trabajos. Lo único que la hace a una mover los pies es la esperanza de que al morir la lleven a una de un lugar a otro (...) El cielo para mí, Juan Preciado, está aquí donde estoy ahora. (pág. 135)

De todo lo que venimos diciendo se deduce que la iglesia tal como aparece en la novela se caracteriza por ser una institución consciente de su poder y que hace lo posible por administrarlo de forma consecuente, teniendo en cuenta sin embargo que existen unos límites. El padre Rentería dejará siempre la puerta abierta a un posible perdón. A partir de todo esto, sin embargo, es difícil calificar a la religión, tal como se despliega en *Pedro Páramo*, de "adulterada" (González Boixo 1985: 172) o la fe de los comalenses de "ilusa" (Arias 2005: 197).

La religión a la que tenemos acceso a través del texto de Juan Rulfo está significativamente limpia de superstición, entendiendo por ello prácticas o doctrinas aún no o ya no aceptadas por la iglesia institucional. Si nos atenemos a la Comala asentada en el tiempo, todo lo que se dice y se hace en ella está dentro de la más acendrada ortodoxia. La doctrina que sirve de trasfondo a las conversaciones de los diferentes personajes es doctrina que parece estar tomada de cualquier libro de dogmática: la doctrina católica de la gracia, la mediación entre iglesia militante y purgante, la posibilidad de la salvación, la inmortalidad del alma etc. Y de las prácticas a las que se hace referencia podemos decir otro tanto: son o bien prácticas sacramentales que pertenecen al núcleo del dogma (confesión, comunión, extremaunción) o devocionales (primeros viernes de mes, preparación para la muerte, misas gregorianas...) que quedan dentro del campo de la "sana doctrina cristiana". La práctica de la religión en Comala responde a lo que de forma más o menos insegura se califica de religiosidad popular. Pero la religiosidad popular no es sino la forma como en un momento históricamente dado se práctica la religión (Córdoba Montoya 1989: 80).[6] No es propiamente una religión supuestamente opuesta a la religiosidad oficial. Como hemos dicho antes hay siempre una interacción entre los deseos religiosos de los fieles y la oferta doctrinal de la iglesia. Cada época consigue su propio equilibrio. La religión que aparece en Comala es el catolicismo tal como se practicaba a principios del siglo XX en México y como se ha seguido practicando hasta los años sesenta en muchos lugares y hasta la actualidad en algunos.

La visión que se da en la novela del mundo religioso en Comala, por tanto, es la de una comunidad de fieles sujeta a la "potestas ordinis". El padre Rentería es el árbitro decisivo de la concesión de la gracia en Comala, de la misma forma que el cura de Contla lo es con respecto a él y el obispo que visita al pueblo tiene la palabra final en el caso de los hermanos incestuosos. Y sin embargo hay varias situaciones en las que la duda de alguna forma se abre camino en un sistema por lo demás perfectamente ensamblado. Tras su conversación con María Dyada, al padre Rentería le asalta la duda sobre la validez de la forma de llevar la contabilidad de méritos y expiaciones y piensa que quizá la misericordia tenga la palabra definitiva:

> ¿Por qué aquella mirada se volvía valiente ante la resignación? Qué le costaba a él perdonar, cuando era tan fácil decir una palabra o dos, o cien palabras si éstas fueran necesarias para salvar el alma. ¿Qué sabía él del cielo y del infierno? (pág. 97)

---

6 Pedro Cordoba Montoya recorre la *arqueología* de este concepto en el artículo que se cita en el texto. En pocas páginas se hace un estudio muy claro sobre este concepto tan difuso.

De forma parecida en la conversación que el padre Rentería mantiene con el cura de Contla se trasluce una inseguridad sobre la validez del orden existente y su legitimación religiosa.

> – Ese hombre de quien no quieres mencionar su nombre ha despedazado tu Iglesia y tú se lo has consentido. ¿Qué se puede esperar ya de ti, padre? ¿Qué has hecho de la fuerza de Dios?
> (...)
> – Y sin embargo, padre, dicen que las tierras de Comala son buenas. Es lástima que estén en manos de un solo hombre. ¿Es Pedro Páramo aún el dueño, no?
> – Así es la voluntad de Dios.
> – No creo que en este caso intervenga la voluntad de Dios. ¿No lo crees tú así, padre?
> – A veces lo he dudado; pero allí lo reconocen (pág. 140-141)

Estos fragmento y otros desperdigados en la novela introducen un matiz de inseguridad en el lector de *Pedro Páramo*. Ciertamente el padre Rentería no es un doble del padre Reyes de la novela de Agustín Yáñez *Al filo del agua*; el padre Rentería no ha leído la *Rerum Novarum*. Pero tampoco lo es de tantos curas cristeros como pueblan una parte de la novelística mexicana durante los años treinta y cuarenta. Hay demasiada ambigüedad en el cura de Comala para que sea fácilmente clasificable. En realidad, Rulfo, se coloca en otro plano.

Tanto la Comala *post morten* como la Comala temporal nos hablan de situaciones sin salida. Los habitantes de la Comala del más allá están abocados a una espera sin fin. Su posibilidad de conseguir sufragios que los liberen del purgatorio es nula, puesto que al parecer nadie ha quedado en ese pueblo desolado que pueda dirigirse a Dios en "estado de gracia", como dice la hermana de Donis. Y en la Comala del más acá impera un sistema que pervierte la cultura en la que viven los personajes. Una cultura en la que se puede impunemente ahorcar a un campesino dentro de una habitación, para arrebatarle las tierras, condenando después la puerta de la habitación donde las paredes seguirán repitiendo los últimos gritos de la víctima, precisamente la misma habitación en la que, muchos años más tarde, Juan Preciado dormirá su primera noche cuando venga al pueblo de su madre. También es en esta Comala temporal donde la iglesia, celosa de su poder, se niega a otorgar el perdón, cerrando de esta forma el paso a la única salvación posible para los habitantes de un mundo angustiado por el sufrimiento y la muerte. Devereux (1973: 25-103) introduce el difícil concepto de culturas enfermas. Se trata de culturas donde ningún tipo de esperanza es posible. El mundo de desolación que es Comala parece estar desprovisto de Buena Nueva tanto en el tiempo como en la eternidad. No es extraño que el pueblo se vacíe.

En un mundo parecido a éste, el de Canudos en la obra de Euclides da Cunha, la salida se opera por un cambio de teodicea. Frente a la teodicea de tipo compensatorio que lleva la salvación al más allá, las teodiceas de tipo mesiánico buscan una compensación en términos mundanos aunque legitimados religiosamente. Se trata de imponer el Reino de los Cielos en este mundo, de forma inmediata, total y definitiva. Al parecer la tentación mesiánica también se le presenta al padre Rentería y decide unirse a los cristeros. En realidad las contradicciones con las que se enfrenta no tienen fácil salida en el mundo religioso en el que opera. La solución doctrinaria y canónico-formalista de su colega de Cuntla es la única posible en esos años: esperar el perdón de una instancia superior en la jerarquía. Muchos años más tarde la teología de la liberación discutirá algunas de las propuestas que se insinúan tanto en las reflexiones del padre Rentería como en la conversación de los dos sacerdotes, pero será necesario un cambio de perspectiva, que ahora sí será completamente mesiánica, y una reinterpretación de la terminología teológica: injusticia y situación de pecado se convertirán en sinónimos (González Faus1993: 534), la redención y la salvación comienzan en este tiempo (Ellacuría 1993: 289) y la Comala *post morten* se interpreta desde la esperanza, la utopía y la resurrección (Batista Libânio 1993: 716).[7]

---

7   Hay un componente en el mundo religiosos de *Pedro Páramo* que no hemos tocado aquí. Es el representado por Susana San Juan. Por sus connotaciones secularizantes, por la modernidad que se refleja en muchas de sus expresiones, por el hecho de tratarse de un personaje que se mueve en la frontera del mundo del sentido de Comala, dada su locura, y por su condición de amante y amada, este personaje cuestiona el mundo religioso de Comala de forma completamente diferente.

**

Juan Rulfo conoce la práctica religiosa desde dentro. Su adolescencia ha estado puntuada por confesiones semanales en las que el sacerdote ha repetido las mismas preguntas, de confesión a confesión, que el padre Rentería "por costumbre" dirige a Dorotea: "¿Desde cuándo? ¿Cuántas veces?" Rulfo ha sido socializado en ese mundo, muy cercano al descrito en Comala. De ahí la naturalidad con que se mueve en él sin preocuparse por la falta de congruencia entre sus diferentes aspectos. Así es la religión, así son las religiones. No se pide de los mitos explicaciones racionales sino, fundamentalmente, consuelo. En este trabajo se ha procurado rastrear algunas de las ideas que para Rulfo tenían todavía sentido inmediato, pero que indefectiblemente lo han ido perdiendo en el mundo actual. Como Hegel ya señaló, la lechuza de Minerva suele comenzar su vuelo cuando los conceptos entran en su atardecer.

BIBLIOGRAFÍA

Rulfo, Juan. *Pedro Páramo.* (1988) Edición crítica a cargo de José Carlos Gonzálex Boixo. Ed. Cátedra. Madrid.
Arias, Angel. (2005) *Entre la cruz y la sospecha. Los Cristeros de Revueltas, Yáñez y Rulfo.* Iberoamericana. Madrid.
Batista Libânio, Joâo. (1993) "Hope, Utopia, Resurrection". En *Mysterium Liberationis.* Pág. 716-727. Ed. Orbis Books. NewYork.
Berger, Peter. (1969) *The Sacred Canopy.* Doubleday. New York.
Devereux, Georges. (1973) *Ensayos de etnopsiquiatría general.* Barral Ed. Barcelona.
Dupront, Alphonse. (1987) *Du Sacré. Croisades et pélerinages. Images et langages.* Gallimard. Paris.
Ellacuría, Ignacio. (1993) "The Historicity of Christian Salvation". En *Mysterium Liberationis.* Pág. 251-289. Ed. Orbis Books. New York
"Entrevista. Juan Rulfo examina su narrativa". (1992) En *Juan Rulfo. Toda la obra.* Pág. 873-881. Consejo Superior para la Cultura y las Artes. México.
Fares, Gustavo. (1998) *Ensayos sobre la obra de Rulfo.* Ed. Peter Lang. Nueva York.
Freeman, George R. (1970) *Archetype and Structural Units: The Fall-from-Grace in Rulfo's Pedro Páramo.* Cuernavaca, Morelos, CIDOC, (Cuadernos 47) 1970.
Fuentes, Carlos. 1992. "Rulfo. El tiempo del mito". En *Juan Rulfo. Toda la obra.* Consejo Superior para la Cultura y las Artes. México.
Gerth, HH and Wright Mills, C. (Ed.) (1958) *From Max Weber: Essays in Sociology.* Galaxy Book. New York
González Boixo, José Carlos. (1985) "El factor religioso en la obra de Juan Rulfo". En *Cuadernos Hispanoamericanos.* 421-423. Julio-Septiembre 1985. Madrid.
González Faus, José Ignacio. (1993) "Sin". En *Mysterium Liberationis.* Pág. 532-542. Orbis Books. New York.
Jackson, Michael. (2002a) *The Politics of Storytelling. Violence, Transgression and Intersubjectivity.* Museum Tusculanum. Copenhague.
Jackson, Michael. (2002b) "The Exterminating Angel: Reflections on Violence and Intersubjective Reason". En *Journal of the European Association of Social Anthropologists.* 2002, 10 (2)
Levine, Daniel H. *Religion and Politics in Latin America.* (1981) Princeton University Press. Princeton. New Jersey.
Negret, Martaelena. (1988) *Relaciones entre la iglesia y el estado en México. 1930-1949.* El Colegio de México y Universidad Iberoamericana. México.
Rodríguez-Alcalá, Hugo. (1984) "Rulfo y la crítica". En *Cuadernos Americanos* 3, mayo-junio 1984. México.
Sabugo Abril, Amancio. (1985) "Comala o una lectura del infierno". En *Cuadernos Hispanoamericanos* 421-423. Julio-Septiembre 1985. Madrid.
Vital, Alberto. (2004) *Noticias sobre Juan Rulfo.* Fondo de Cultura Económica. México.
Weber, Max . (1965) *The Sociology of Religion.* Methuen & Co. London.

Palacio de las Columnas de Mitla. Como en Tula, pero aquí con mayor refinamiento, las franjas horizontales están decoradas con estilizaciones del cuerpo de la serpiente, incorporando sugerencias geometrizadas de los caracoles seccionados, *ehecacózcatl*. Asociada (desde su nombre mismo) al Mictlan, esta ciudad posee algunas de las tumbas más ricamente elaboradas del mundo mesoamericano, ornamentadas de manera muy similar a las fachadas de este Palacio. Sus moradores eran grandes sacerdotes consagrados al culto religioso; los últimos fueron ejecutados en un Auto de Fe en la década de 1550.

JUAN RULFO Y LA LITERATURA
DE LOS PAÍSES NÓRDICOS

MARTIN ZERLANG

"MIS DELEITES PREFERIDOS"

En primera instancia parece sorprendente, incomprensible, casi imposible, que autores de Dinamarca, Noruega, Suecia, Islándia y Finlandia hayan sido los autores preferidos de un autor como Juan Rulfo, cuya experiencia social se limita a la provincia de México, al llano y a los cerros áridos de Jalisco, a los pueblos abandonados como Comala. Pero repetidas veces y contrario a todas dudas Rulfo ha declarado su amor a la literatura nórdica, que para él es la cuna de la literatura europea. En sus propias palabras:

> Los escritores nórdicos fueron en realidad la influencia que he tenido más cercana. Yo empecé a leer a los nórdicos, a Knut Hamsun, a Björnsson, a Selma Lagerlöf, en fin A mí siempre me ha gustado la literatura nórdica porque da la impresión de un ambiente brumoso, neblinoso ¿no? Me gusta mucho lo triste a mí; lo triste y lo opaco. Entonces todos los escritores nórdicos me interesan. (Citado en Fell, p. 876).

Rulfo menciona especialmente a los autores nórdicos de principios del siglo, es decir, Hamsun y Lagerlöf, pero también admite que le había gustado una novela como *Salka-Valka* (1931-32) de Haldór Laxness, y más generalmente declara que la literatura nórdica "me ha brindado uno de mis deleites preferidos" (Citado en Fell, p. 426).

Obviamente existe un intercambio entre autores latinoamericanos y autores escandinavos, pero un intercambio donde cada parte imputa a la otra valores exóticos. En la crítica literaria danesa, la literatura latinoamericana casi únicamente se identifica con el "realismo mágico" y sus exploraciones "fantásticas", y muchas veces se expresa una cierta envidia a causa de sus fabulaciones, sus dimensiones épicas, en fin, todo aquello a lo que Gabriel García Marquez al recibir el premio Nobel llamó "la realidad desmesurada" de América Latina.

Pero visto del otro lado: de hecho hay varios ejemplos de autores latinoamericanos que han encontrado dimensiones exóticas y fantásticas en la literatura nórdica. El uruguayo Juan Carlos Onetti ha declarado su admiración por la obra de Knut Hamsun, y en su cuento "Esbjerg, en la costa" (de *Cuentos Completos,* 1974) retrata a Dinamarca como un país, dónde no hay ladrones, donde los árboles son más grandes y más viejos que los de cualquier lugar del mundo, y donde la primavera está creciendo a escondidas debajo de la nieve hasta que salta de golpe y lo invade todo como una inundación. Dinamarca es "la maravillosa Dinamarca" en *El Señor Presidente* (1946) de Miguel Angel Asturias, y Copenhague es una ciudad fántastica en la obra de Julio Cortázar, por ejemplo en su ensayo "Ministerios europeos por la noche" (publicado en *La vuelta al día en ochenta mundos*, 1967), donde nos cuenta sobre sus experiencias enigmáticas por la noche en Christiansborg, el edificio del parlamento.

De este modo se debe admitir que la realidad de los países nórdicos algunas veces toma un aspecto maravilloso, fantástico o exótico en la literatura latinoamericana.

También se debe notar que hay dos autores – dos antípodos de la literatura latinoamericana – que han reconocido su deuda a la literatura nórdica, Jorge Luis Borges y Juan Rulfo. Para Borges las sagas islandesas han sido la gran inspiración; para Rulfo los universos "brumosos, neblinosos" de autores como J.P.Jacobsen, Bjørnstjerne Bjørnson, Knut Hamsun, Selma Lagerlöf, Haldor Laxness y Frans Emil Sillanpää han dejado huellas significantes.

En este artículo voy a esbozar las razones y las realizaciones de este parentesco entre el universo de Rulfo y el tono melancólico de J.P.Jacobsen, el motivo de la vida campesina de Bjørnson, las tensas personalidades puestas en situaciones límites de Hamsun, y la comunicación entre vivos y muertos en la obra de Lagerlöf.

LA LITERATURA NÓRDICA COMO LA CUNA
DE LA LITERATURA EUROPEA

En una charla sobre "La situación actual de la novela contemporánea" Rulfo propuso su teoría sobre los países nórdicos como la fuente original de la literatura, casi como el "padre de las narrativas" acerca del que fantasea Italo Calvino en su novela *Si una noche de invierno*. Dice Rulfo:

> la novela norteamericana actual no ha creado, por ahora, un escritor particularmente valioso. ( ) En cambio, la nórdica ha permanecido estable. Es una literatura que siempre me ha interesado mucho, porque creo – es mi opinión – que toda la literatura europea nace en el Norte, en esos países brumosos, como Islandia, Noruega, Suecia, y luego desciende y se extiende por Europa. Laxness, islandés, a quien se le dio el Premio Nobel, autor de *Estación atómica*, mezcla la cuestión humana con la técnica y científica haciendo ficción humana. En este literatura es grande la influencia de Hamsun, el de *Un vagabundo con sordina*, pero desgraciadamente sus seguidores no tienen la alegría que tuvo Hamsun, esa gran alegría que le daba al hombre un carácter verdaderamente humano (Citado en Fell, p. 377).

Norma Klahn pone de manifiesto en "La ficción de Rulfo" que es difícil hablar de influencias en Rulfo porque, como dice él al referirse a los escritores hispanoamericanos actuales, "no se pueden fijar influencias pues son gente que leen mucho" (Citado en Fell, p. 425). No obstante, hay un rasgo común entre los autores extranjeros que admira Rulfo: Un americano (de los estados del Sur) como Faulkner, un suizo como Ramuz, rusos como como Andreiv, Korolenko, y escandinavos como Hamsun y Laxness, entre otros, son escritores de la periferia económica, política y cultural; son escritores de un mundo dónde prevalece el mito sobre la historia y la comunicación oral sobre la comunicación escrita. Pero también son escritores en vías de entrar en la modernidad. Cuando dice Octavio Paz en *El laberinto de la soledad* (1950) que "Somos, por primera vez, en nuestra historia, contemporáneos de todos los hombres" (p. 174), se puede añadir que esa experiencia de contemporaneidad fue especialmente intensa entre los escritores en vías de conocer la realidad moderna. Sobre esa dialéctica entre periferia y modernidad dice Ángel Rama en *Transculturación narrativa en América Latina*:

> El escritor que para muchos inicia la escritura de vanguardia en la narrativa mexicana, no se ha dirigido a las figuras centrales de la vanguardia en la narrativa europea que han respaldado la gran producción cosmopolita latinoamericana (Joyce, Woolf, Kafka, Musil) sino a los representantes de una periferia europea que, medio siglo antes que los hispanoamericanos, hicieran la experiencia de una modernidad que les venía de los grandes centros metropolitanos (p. 107).

En cuanto a Rulfo y la experiencia de contemporaneidad y simultaneidad es obvio que ha elaborado un manejo de tiempo muy inusual. En una entrevista de Waldemar Dante se caracteriza este tiempo como un tiempo circular, dónde todo se repite, todo se inicia nuevamente, porque de alguna manera es siempre hoy, como, por ejemplo, en la novela *Pedro Páramo* donde se dice sobre el Padre Rentería:

> El Padre Rentería se acordará muchos años después de la noche en que la dureza de la cama lo tuvo despierto y después lo obligó a salir (Citado en Fell, p. 246).

Según Rulfo esta técnica novedosa – que también abre *Cien años de soledad* de Gabriel García Márquez – tiene como modelo los autores nórdicos: "los he leído mucho" (http://www.ciudad futura.net/entrevistas/juanrulfo6.htm).

AL MARGEN DE LA HISTORIA EN UN CUENTO DE RULFO

Para abrir la discusión de las afinidades entre el universo de Rulfo y el universo de los escritores nórdicos sería útil un ejemplo breve y característico de la obra de Rulfo. Se puede tomar el cuento "Nos han dado la tierra", donde ya el título indica una comunidad que no es un agente activo de la historia. El relato siguiente revela que la donación no es tal, sino un signo de humillación: una tierra árida, un páramo. El narrador es miembro de un grupo de campesinos que han participado en la revolución mexicana (1909-20), que al regreso de la guerra reconocen que la "victoria" es otra "derrota", y el representante del nuevo gobierno muestra un rechazo en su postura que es tan negativo como el llano:

> Nos dijeron:
> Del pueblo para acá es de ustedes.
> Nosotros preguntamos:
> – ¿El Llano?
> – Sí, el Llano. Todo el Llano Grande.
> Nosotros paramos la jeta para decir que el Llano no lo queríamos. Que queríamos lo que estaba junto al río. Del río para allá, por las vegas, donde están esos árboles llamados casuarinos y las paraneras y la tierra buena. No este duro pellejo de vaca que se llama el Llano.
> Pero no nos dejaron decir nuestras cosas. El delegado no venía a conversar con nosotros. Nos puso los papeles en la mano y nos dijo:
> No se vayan a asustar por tener tanto terreno para ustedes solos.
> – Es que el Llano, señor delegado
> – (....)
> Pero, señor delegado, la tierra está deslavada, dura. ( )
> – Eso manifiéstenlo por escrito. Y ahora váyanse. Es al latifundio al que tienen que atacar, no al Gobierno que les da la tierra.
> –Espérenos usted, señor delegado. Nosotros no hemos dicho nada contra el Centro. Todo es contra el Llano No se puede contra lo que no se puede. Eso es lo que hemos dicho (Citado en Fell, p. 9).

Como se ve, en el cuento hay un contraste marcado entre el centro y el margen, la cultura escrita y la cultura oral, y para los campesinos la cultura oral se convierte en una cultura hermética, callada:

> No decimos lo que pensamos. Hace ya tiempo que se nos acabaron las ganas de hablar. Se nos acabaron con el calor. ( ) Uno platica aquí y las palabra se calientan en la boca con el calor de afuera, y

se le resecan a uno en la lengua, hasta que acaban con el resuello. Aquí así son las cosas. Por eso a nadie le da por platicar (Citado en Fell, p. 8).

UN AUTOR RURAL Y ORAL

"No soy un escritor urbano" (*Cuadernos Americanos*, 1985: 421-423, p. 5), ha dicho Rulfo, y el primer lazo entre su universo y sus preferidos autores nórdicos es el mundo rural y su cultura oral: "Quería no hablar como se escribe, sino escribir como se habla" (Julio Rodríguez Luis, *Cuadernos Americanos*, 1985: 421-423, p.139)

Un autor danés contemporáneo, Knud Sørensen, ha explicado la cultura rural de esa manera: lo que caracteriza el idioma de la cultura campesina es que tiene su origen en una comunidad pequeña y cerrada y sirve como instrumento de esa comunidad, donde sabe cada uno un montón de cosas sobre los otros y las opiniones de los otros ya antes del comienzo de una conversación – o plática. Normalmente no es necesario utilizar muchas palabras porque se pueden sobreentender muchas cosas. Puede limitarse a alusiones e insinuaciones, y muchas veces una conversación se trata de algo muy diferente de lo que se dice literalmente. Por eso lo opuesto de la exageración es el refinamiento más elaborado, y si es necesario expresarse francamente se utiliza el litote como figura retórica. El idioma de la cultura campesina se caracteriza por el empeño en evitar conflictos y esquivar discusiones. En ese idioma los sentimientos no se expresan en palabras, y en su consecuencia extrema aparece como un idioma sin palabras.

"Un idioma sin palabras" dice Knud Sørensen (*Danmark mellem land og by*" (1988)/Dinamarca entre ciudad y campo), y precisamente es este idioma sin palabras el que encuentra el lector en la obra de Rulfo. En su *Autobiografía armada* Rulfo señala que en Jalisco, su estado natal, "la gente es hermética. Tal vez por desconfianza no sólo con el que va, con el que llega, sino entre ellos. No quieren hablar de sus cosas" (p. 43). Y añade sobre el lenguaje de los campesinos de Jalisco: "Su vocabulario es muy escueto. Casi no habla, más bien" (p. 54). De veras, "un idioma sin palabras."

"Quería no hablar como se escribe, sino escribir como se habla" (p. 54f.) declara Rulfo, y también entre autores nórdicos como Bjørnstjerne Bjørnson, Knut Hamsun y Haldor Laxness se nota ese esfuerzo de escribir como se habla, esa predilección por narradores populares que en sus observaciones lacónicas e implícitas combinan sencillez y sutileza.

BJØRNSTJERNE BJØRNSON

Uno de los autores noruegos mencionado por Rulfo es Bjørnstjerne Bjørnson, un autor muy importante de las últimas décadas del siglo diecinueve en Escandinavia y, además, Premio Nobel en 1903. No es extraño que a Rulfo le gustara la obra de Bjørnson, porque con la obra de Bjørnstjerne Bjørnson el campesino fue introducido en la literatura nórdica. La vida campesina es el tema central de sus grandes cuentos como "Synnøve Solbakken" (1857), "Arne" (1858) y "Un muchacho alegre" (1860). Y el campesino como motivo se acompañó de un estilo más o menos "rural". En su retrato de Bjørnson, el gran crítico danés Georg Brandes escribió que estos cuentos de campesinos le impresionaban como ajenos o casi exóticos (Citado en Busk-Jensen, p.178).

Un colega contemporáneo de Bjørnson, Jonas Lie, declaró que Bjørnson fue un autor franco y sencillo, sin rodeos: "introdujo el estilo directo – sujeto contra objeto – con un efecto como nitroglicerina" (Citado en Busk-Jensen, p. 178). No hay duda que Rulfo con su modo de escribir tan directo y sin adornos debe haber apreciado este estilo directo. En una entrevista ha dicho:

Así como en la sintaxis hay tres puntos de apoyo, sujeto, verbo y complemento, así también en la narrativa hay tres pasos: el primero es la creación del personaje, el segundo, crear el ambiente donde ese personaje se va a mover y el tercero es cómo va a hablar ese personaje, cómo se va a expresar, es decir, darle forma (Citado en Fell, p. 249)

Según un crítico contemporáneo, Clemens Petersen, la causa de la franqueza explosiva en los cuentos de Bjørnson, es el estilo dramático o escénico. Caracterizó sus personajes por sus actos y sus réplicas, no por los comentarios de un narrador, no "por reflexiones y otros tropos auxiliares de la pobreza de espíritu". Otra vez se puede comparar con los relatos de Rulfo – que nunca comenta o juzga a sus personajes. O delega la responsabilidad del cuento en un narrador que forma parte del cuento.

A decir verdad, en el cuento "Synnøve Solbakken", una narración sobre el amor entre Synnøve que vive en el lado asoleado de la vida y Thorbjørn atado a los lados más oscuros de la misma, hay un narrador omnisciente y confidente: ""La muchacha de la que vamos a hablar en este relato, vivía en una de aquellas colinas " (p. 7). Pero como se puede observar, es un narrador que emplea una mezcla entre el tono sencillo de los campesinos y el tono sencillo de las sagas medievales.

Al lado de este narrador se destaca uno de los personajes del cuento como narrador alternativo: Aslak es un peoncito rebelde, que no acepta la visión harmonizante del narrador omnisciente, y durante una boda campesina se atreve a narrar su propia historia, diciendo: "Os contaré lo que me dé la gana!" (p. 74). Su historia trata de conflictos sociales y fatales del pueblo, y por alusiones obliga a los oyentes a buscar el significado de su narración.

Un tercer narrador es la comunidad campesina con sus chismes y habladurías. En muchos respectos las personas solamente existen por "el decir popular" (p. 9), por los cuentos que se cuentan sobre ellas. Sobre Synnöve Solbakken por ejemplo: "todo el mundo decía que, por lo que recordaban, no se había desarrollado en toda la parroquia una doncella de tan singular hermosura somo Synnöve Solbakken" (p. 8). Como en el *Pedro Páramo* de Juan Rulfo la comunidad es un tejido de rumores:

> No tardó mucho en hablarse de aquello por todos los rincones de la parroquia, aunque nadie sabía con exactitud lo que había de cierto en el fondo (p. 43).

Y como en los relatos de Rulfo, por ejemplo el río en "Es que somos muy pobres" o el viento de "Luvina", el paisaje es un agente activo en la acción, a veces como un reflejo de las personas, a veces como un agente hostil. *Synnoeve Solbakken* es una novela fantástica en la que dialogan los árboles y los pájaros, y especialmente el contacto entre una aguila y un pino aristocrático provoca la charla entre los árboles:.

Y por el resto del bosque se produjo un agitado parlateo cuando se vió qué honor más grande se había dispensado el pino"(p. 48).

KNUT HAMSUN

En su *Autobiografía armada* Juan Rulfo cuenta que escribió una novela de muy joven recién llegado a la ciudad de México, y que esta novela trataba de la soledad urbana. Dice:

> Yo no conocía a nadie, así que después de las horas de trabajo me quedaba a escribir. Precisamente como una especie de diálogo que hacía yo conmigo mismo. Algo así como querer platicar un poco. En mi soledad en que yo ... con quien vivía. Se puede decir: yo vivía con la soledad. Yo platicaba, charlaba con la soledad (p. 53).

Esos sentimientos de soledad dentro de la ciudad, esa "hipersensibilidad" (p. 53), y esas charlas consigo mismo vincula a Rulfo con el Knut Hamsun joven, el autor de la novela *Hambre* (1890), donde el monólogo abre con la famosa frase: "Era el tiempo en que yo vagaba, con el estómago vacío, por Cristianía, esa ciudad singular que nadie puede abandonar sin llevarse impresa su huella " (I, p. 35).

No hay duda, que la descripción de la soledad y de la experiencia del extraño de la vida cotidiana también han dejado huellas en Juan Rulfo. La siguiente novela de Hamsun, *Misterios* (1892), es una exploración más elaborada del extraño, pero en un pueblo lejos de la capital, "una humilde ciudad marítima de Noruega" (II, p. 491), y en el resto de la obra voluminosa de Hamsun los pueblos pequeños del norte de Noruega y las fincas aisladas de los campesinos forman la base de su universo.

Como ha mostrado Ángel Rama, ese universo tiene muchos rasgos similares al universo de Rulfo: Una "vida rural en insignificantes pueblos y regiones donde sin embargo surge una intensa vida espiritual a base de tensas personalidades puestas en situaciones límites" (Citado en Fell, p. 535).

Entre estas personalidades también se encuentra un gran número de charlatanes, y la descripción humorística de estos charlatanes se reencuentra en un cuento rulfiano, "Anacleto Morones". Esta es una historia sobre un curandero que con sus manos mágicas y su don de palabra gana un poder espiritual y corporal sobre las mujeres. También es un cuento con la misma alegría, que para Rulfo es uno de los placeres en la obra de Hamsun.

En las novelas de Hamsun frecuentemente figuran charlatanes, vagabundos y cuentistas, y en las páginas iniciales de la novela *Un vagabundo con sordina* (1909) el narrador declara haber aprendido a narrar de un mexicano. Empieza en el estilo que también conocemos de Rulfo, un discurso que tiene la estructura de la plática, que reafirma sus enunciados en fórmulas como "En eso pensaba ayer..":

> Se presenta un buen año de frutos silvestres: acerolas, uvas y zarzamoras. No es que podamos vivir de ellos, pero son un encanto en medio de la tupida vegetación y una alegría para los ojos. Y muchas veces se anima uno al encontrarlos, cuando tiene sed y hambre. En eso pensaba ayer tarde (Hamsun, II. p. 137).

Como en *Pedro Páramo* las palabras del narrador o de los narradores se mezclan con un "murmullo" en el ambiente, un "murmullo" que inmediatamente se concretiza como un instrumento para medir el espacio:

> Desciende del cielo un murmullo como de río lejano. Es el sonido más prolongado que existe para medir el tiempo y la eternidad (Hamsun, II, p. 137).

Y la combinación de tranquilidad y tempestuosidad se transplanta al modo de narrar – un modo aprendido por un narrador mexicano:

> Pero se me ocurre pensar que me refiero a estas cosas apacibles con palabras serenas, como si nunca tuviera que llegar a sucesos violentos y peligrosos. Es una habilidad que me enseñó un hombre del hemisferio austral: Rug, el mejicano (Hamsun, II, p.138).

Como un ejemplo de esa artimaña mexicana se puede citar un fragmento del cuento rulfiano de "la Cuesta de las Comadres". El narrador es un hombre viejo y pobre que está remedando un costal todo agujerado aprovechando la luz de la luna. Él describe su primer asesinato de esta manera lacónica:

> La luna grande de octubre pegaba de lleno sobre el corral y mandaba hasta la pared de mi casa la sombra larga de Remigio. Lo ví que se movía en dirección de un tejocote y que arragaba el guango que yo siempre tenía recargado allí. Luego ví que regresaba con el guango en la mano.
> Pero al quitarse él de enfrente, la luz de la luna hizo brillar la aguja de arria, que yo había clavado en el costal. Y no sé por qué, pero de pronto comencé a tener una fe muy grande en aquella aguja. Por eso, al pasar Remigio Torrico por mi lado, desensarté la aguja y sin esperar otra cosa se la hundí a él cerquita del ombligo. Se la hundí hasta donde le cupo. Y allí la dejé (Citado en Fell, p. 21).

Como se puede apreciar, en la obra de Rulfo no hay mucha distancia entre la vida y la muerte, y en la obra de Hamsun también se observa un cierto "juego" con la muerte. En *Un vagabundo con sordina* el narrador presenta unas reflexiones sobre Brujas, que también evocan la descripción de Comala en *Pedro Páramo:*

> Pero la ciudad es una muerta viviente. Una ciudad muerta es melancólica: quiere tener el aspecto de que vive. Lo mismo sucede en Brujas, la gran ciudad del pasado, y lo mismo en muchas ciudades de Holanda, de la América del Sur, del norte de Francia, de Oriente. Cuando nos encontramos por casualidad en una de esas ciudades pensamos para nuestros adentros: "!Mira! Esta ciudad vivió en otro tiempo y aún hoy se ven pasar espectros por sus calles. (Hamsun, II. 200)

JENS PETER JACOBSEN

Entre los autores daneses Juan Rulfo menciona Jens Peter Jacobsen, que es un representante no solamente del realismo y naturalismo propagado por Georg Brandes, sino también un precursor de las corrientes decadentistas del fin de siglo. Con su estilo refinado que – según sus propias palabras – le destacó como "grande d'Espagne" de la literatura danesa", Jacobsen obtuvo atención internacional. Fue el autor preferido de Sigmund Freud y el modelo de Rainer Maria Rilke – el Rilke cuya poesía ha sido traducida al español por Rulfo.

El estilo refinado y verboso de Jacobsen parece muy diferente del estilo de Rulfo, pero su melancolía y sus descripciones de la muerte probablemente han tocado las fibras sensibles de Rulfo. Y se debe recordar que aunque Rulfo quería "escribir como se habla", su estilo oral es muy refinado, con sus repeticiones, sus silencios elocuentes, sus elementos de la oración.

De una de las figuras centrales de la novela *Marie Grubbe* (1876), el narrador señala que fue "miembro de la sociedad secreta que podría llamarse la Compañía de los melancólicos" (p. 184), y obviamente Rulfo fue un miembro de esa compañía.

La novela *Niels Lyhne* (1880), que trata de la posibilidad de renunciar a la vida del más allá, a las ilusiones religiosas de la muerte, es la piedra de toque de lo que se llamaba "el pensamiento libre". La discusión de la posibilidad de una vida sin dios, sin iglesia, sin autoridades, hace pensar en la figura de Susana San Juan en *Pedro Páramo*, que simboliza un doble rechazo del autoritarismo tanto físico como espiritual. Igual que ella que dice no necesitar al padre Rentería (p. 162) y que se entrega a la naturaleza, al mar (p. 166), Niels Lyhne glorifica la vida sin Dios:

> Pero, exclamó Niels Lyhne, no entiende Usted que el día, en que la humanidad pueda exultar de alegría, que dios no exista, este día se creará como por encanto un cielo nuevo y una tierra nueva. No antes de este momento el cielo será libre, espacios infinitos, y no un ojo vigilante y amenazante. (p. 123, traducido por MZ del original danés)

Sin embargo, en la traducción española de *Niels Lyhne* (de 1941), este pasaje donde se encuentra toda la discusión del librepensamiento ha sido omitido, sin duda como una consecuencia de la censura del franquismo. Pero Rulfo debe haber leído la escena final de la novela, que se cierra con una escena de muerte – no sin puntos de semejanza con la escena final de *Pedro Páramo* – donde el protagonista en sus fantasías delirantes declara que quiere morirse de pie, y la frase final dice: "Y por último, sucumbió a la muerte, a la dura muerte" (p. 222).

En el cuento "La peste de Bergamo", J.P. Jacobsen ha desplegado el motivo de la muerte y las ilusiones religiosas, y su descripción de la procesión de los fanáticos, una procesión de matiz erótico, despierta recuerdos del cuento "Talpa", donde Rulfo presenta una procesión en la cual pecado y penitencia se intremezclan.

SELMA LAGERLÖF

En una reseña reciente de la novela *Las Monedas de Don Arne* (1903) de Selma Lagerlöf, Victor Rojas escribe que Selma Lagerlöf es uno de los escritores que más ha influido en las letras latinoamericanas y su realismo mágico. Como Rulfo, nació en la provincia, en Mårbacka, un villorrio ubicado en la región de Värmland; como Rulfo, creció en un ambiente religioso; como Rulfo, tuvo la experiencia traumatizante de la pérdida de la propiedad de la familia; y como Rulfo, conoció la muerte desde su infancia. La escritora fue endeble y enfermiza y sus padres creyeron equivocadamente que sus días en esta vida no serían muchos.

Cuando empezó su proyecto de creación literaria, quería romper con la pétrea influencia naturalista en la cual se encontraba la literatura sueca de la época.

Ya en una de sus primeras obras, *La saga de Gösta Berling* (1891), se aprecia un universo muy parecido al universo de los realistas mágicos latinoamericanos: un carnaval, una narración polifónica, un mundo sin fronteras fijas entre la realidad y el sueño.

En el relato *El fantástico viaje de Nils Holgersson* (1906-07) se describe cómo el protagonista utiliza un ganso hablante para volar sobre todo el país de Suecia.

En "El materialismo en la literatura de ficción" (1892), su compatriota Ola Hansson defendió la aparición de fantasmas, y en la corta historia de miedo que bautizó como *Las Monedas de don Arne,* Selma Lagerlöf hace intervenir espectros y fantasmas en la acción. Este relato de 1903 trata de tres soldados escoceses que asesinan en su casa al pastor Arne y a toda su familia para robarle un gran cofre de encina lleno de monedas. De este baño de sangre se salva milagrosamente Elsalill, una hija adoptiva, quien es recogida por un pobre vendedor de pescado llamado Torarín que vive en el puerto de Marstrand. Semanas más tarde, Elsalill topa por pura casualidad con el jefe de los soldados escoceses, sir Archie, y sin saber que es uno de los autores de la masacre entabla con él un romance. El asesino sir Archie y sus dos amigos se hallan en este puerto a la espera del barco que supuestamente los llevará de regreso a su país. Pero el hielo mantiene prisionero al barco. Este hecho da tiempo para la preparación de una venganza sobre los asesinos. Poco a poco entra en el relato esa fuerza narrativa donde los difuntos hablan y tienen sus radios de influencia. El mismo Pastor Arne regresa del mundo de los muertos a la casa parroquial en Solberga para impartir ordenes acerca de cómo su muerte debe ser vengada. Y la hija muerta de Don Arne baja de los cielos a lavar platos en una sucia taberna del puerto. Y como "las ánimas en pena" en la novela *Pedro Páramo*, esa hermana muerta es también un ánima en pena: "Es horroroso para un muerto cuando no tiene reposo en su tumba" (p. 61). Una noche, 14 días después de la muerte de don Arne, Torarín y su perro caminan por un paisaje misterioso que hace pensar en el páramo de Comala: "una zona que parecía una extensa y abierta llanura, sobre la que se levantaban una gran cantidad de rocas" (p. 34), un paisaje que Torarín comenta de esta manera: "Grim perro mío (...) si viéramos ésto por primera vez, entonces creeríamos que caminábamos sobre un gran páramo" (p. 35). Las fuerzas mágicas del paisaje se manifiestan al fin de la novela cuando nos encontramos con un puñado de almas en pena que cierran las puertas del mar para impedir la huída de los asesinos.

Como se puede apreciar, no debe producir asombro que a Rulfo le gustara la obra de Selma Lagerlöf. Como dice Victor Rojas, "la realidad y el sueño aparecen en este relato como hermanas gemelas capaces de engañar a los espejos". El motivo de la venganza es de máxima importancia no solamente en *Pedro Páramo*, sino también en los cuentos de Rulfo. Y de la misma forma que Lagerlöf aprendió su técnica narrativa de las sagas islandesas y describía los personajes a través de sus actuaciones con un lenguaje sencillo, es posible que Rulfo haya aprendido a ocultar su "hipersensibilidad" del estilo de Lagerlöf que, por ejemplo, describe la masacre de la familia de Don Arne de esta manera tan escueta, casi sin emociones:

> Don Arne y su gente han sido asesinados esta noche por tres hombres que entraron trepando por el agujero de ventilación del tejado e iban vestidos con pieles velludas. (p. 19)

Esa constatación impasible y helada se puede comparar con el cuento rulfiano "El hombre", donde las palabras del hombre que ha cometido la masacre se reducen a la constatación siguiente:

> No debí matarlos a todos; me hubiera conformado con el que tenía que matar; pero estaba oscuro y los bultos eran iguales. Después de todo, así de a muchos les costará menos el entierro. (Citado en Fell, p. 34)

HALDOR LAXNESS

En un exámen de su narrativa, Rulfo admite que le habría gustado escribir *Salka Valka*, la famosa novela de Haldór Laxness, añadiendo que "no creo que yo tenga influencias de *Salka Valka* ya que *Salka Valka* es posterior a lo que yo escribí. Me gusta mucho todo lo de Halldor Laxness" (Citado en Fell, p. 876)

No es difícil detectar las razones por ese gusto. Como en la obra de Rulfo, Laxness toma su punto de partida en la descripción de un lugar abandonado, aislado, aparentemente sin ninguna importancia:

> Cuando uno en medio del oscuro del invierno está navegando por esas costas, no es posible dejar de pensar, que en toda la redondez de la Tierra no se da algo tan insignificante como un pueblo como este, pegado a la montañas tan todopoderosas. (p. 7)

Como Comala y Luvina, este pueblo en la costa lejana de Islandia es un lugar sin esperanza:

> Pues, cada uno debe admitir que es totalmente sin ton ni son viviendo su vida en un lugar como este, donde no hay tierra baja excepto este vallejo, que parece que debe el río de que hay tierra firme

acá. Cultura y bienestar demandan un terreno llano. En un lugar del cual uno no se puede arrancar y donde nunca hay expectivas de encontrar a un forastero, toda esperanza se deja (p. 7).

Como en "Acuérdate" Salka Valka, el protagonista de la novela, el forastero que no obstante arriva en el pueblo, es un joven que es víctima de las humillaciones de la comunidad. Y como en "Es que somos muy pobres", la pubertad, los senos crecientes, se describen como una fuerza fatal.

REALISMO MÁGICO
En sus reflexiones sobre "El lugar de Rulfo", Jorge Ruffinelli hace observar que la influencia de la literatura nórdica en la obra de Rulfo merecería un estudio más elaborado:

> Resulta singular, incluso, que la exégesis mítica de la literatura de Rulfo no haya advertido que acaso exista mayor vinculación con la tradición popular de los corridos (como el "Ánima de Sayula"), las consejas, los cuentos de aparecidos, y, asímismo, con toda aquella tradición de relatos rusos y europeos – Giono, Laxness, Lagerloff, Bjornson, Sillanpaa, Hamsun, Andreiev, Korolenko, Ramuz, que eran confesamente la lectura preferente de Rulfo en sus años formativos –, que son los mitos clásicos" – Hasta qué punto, también esta lectura intentó justificar a Rulfo sobre la base de un universalismo y cosmopolitismo de los que el autor se sentía ajeno. (Citado en Fell, p. 459)

La inspiración que ha supuesto el realismo mágico para la literatura moderna de Dinamarca y de los otros países nórdicos ha sido enorme. Se reconoce el estilo alucinante de Miguel Angel Asturias en las novelas de Ib Michael, se observan ecos de Gabriel García Márquez en obras de Vagn Lundbye, Peter Høeg, y en cuanto a Rulfo se puede mencionar un autor como Arthur Krasilnikoff que ha dicho que, al menos una vez al año, quiere leer a Rulfo. O un autor como Einar Már Gudmundsson. Hace veinte años, aproximadamente, impartí un curso sobre realismo mágico, donde contaba con Einar Már Gudmundsson entre mis estudiantes.

Ahora es uno de los autores más destacados de Islandia, un descendiente de Haldor Laxness – y de Juan Rulfo.

El escritor Hans-Jørgen Nielsen declara en el artículo "Épico, mítico" de 1981, que ha aprendido a narrar historias épicas, historias de una perspectiva global, nacional, regional, donde los acontecimientos se vinculan y donde los destinos se entrelazan, de los nuevos autores de Latinoamérica, autores como Gabriel García Márquez y Manuel Scorza. No menciona a Rulfo, pero es muy probable que haya leído a Rulfo también, porque fue traducido al danés ya en 1961.

Espero que este breve esbozo haya mostrado que los autores nórdicos, "mis deleites preferidos" como ha dicho Rulfo, podrían haber enseñado unas artimañas narrativas a los autores latinoamericanos.

En su ensayo "Sí, tampoco los muertos retoñan, desgraciadamente" el escritor mexicano, Carlos Monsiváis ha hecho unas reflexiones interesantes sobre esa constelación entre Rulfo y los autores nórdicos. Dice:

¿De qué modo se entreveran y funden en esta obra las distintas tradiciones históricas y literarias? A través de un deseo que hoy llamaríamos desmitificador, en donde participan lo sombrío de las atmósferas y la verdad de los personajes. De allí, las correspondencias de Rulfo con los escandinavos Knut Hamsun y Halldor Laxness (..). A Rulfo no le interesa idealización alguna, sino mostrar al hombre del pueblo como ser concreto, en su intolerable postración, bajo el peso infame de las reglas de juego que otros le han impuesto y otros han sostenido. Al lector le toca allegar un conocimiento social, la continuidad de los sistemas opresivos que han fabricado esa postración. Rulfo no predica, no declama, no juzga abiertamente.
(Citado en Fell, p. 836)

BIBLIOGRAFÍA

TRADUCCIONES DE TEXTOS ESCANDINAVOS

Bjoernstjerne Bjoernson: *Synnoeve Solbakken*, Buenos Aires: Colección Austral, 1947.
Jens Peter Jacobsen: *María Grubbe. Interiores del siglo XVII*, traducción del danés de M. de M., Barcelona: Editorial Cervantes, 1927.
Jens Peter Jacobsen: *Niels Lyhne*, traducción de Jaime Bofill y Ferro, Barcelona: Librería Nausica, 1941.
Johannes Vilhelm Jensen: *Obras escogidas*, Traducción y prólogo de Xavier Armada y José M.a Díaz Castro, Madrid: Aguilar, 1956.
Knut Hamsun: *Obras escogidas I*, traducción de A. Hernández Catá, J. Viana, B. Curiel, F. Vives, J. Lleonart, prólogo de Amando Lázaro Ros, Madrid: Aguilar, 1967.
Knut Hamsun: *Obras escogidas II*, traducción de F.C.P.Camacho, L.Molins, A.Nadal, I.Martell, E.Pérez Bances, Madrid: Aguilar, 1967.
Haldor Laxness, *Salka Valka*, traducción del alemán por J.R.Wilcock, Buenos Aires: Sudamericana, 1957.
Selma Lagerlöf: *Las monedas de Don Arne*, Borås: Invandrarförlaget, 1996.

REFERENCIAS

Antolín, Francisco: *Los espacios en Juan Rulfo*, Miami: Ediciones Universal, 1991.
Busk-Jensen, Lise et al: *Dansk litteraturhistorie 6*, København: Gyldendal 1985.
Cuadernos Americanos, 421-23, 1985.
Dante, Waldemar: "Juan Rulfo. Entrevista por Waldemar Dante", http://www.ciudad futura.net/entrevistas/juanrulfo6.htm.

Fell, Claude (ed.): *Juan Rulfo. Toda la obra. Edición crítica*, México: Consejo Nacional para la Cultura y las Artes, 1992.

Heitmann, Annegret: "Geld, Schuld und Gewissen. Eine medientheoretische Dimension in Selma Lagerlöfs Erzählung *Herr Arnes penningar*", in: Stephan Michael Schröder; Vrene Hockenjos (eds.): *Historisierung und Funktionalisierung. Intermedialität in den skandinavischen Literaturen um 1900*, Berlin: Nordeuropa-Institut der Humboldt Universität 2005.

Klahn, Norma: "La ficción de Juan Rulfo: nuevas formas del decir". En Fell (ed.) 1992.

Lorente-Murphy, Silvia: "Juan Rulfo, lector de Knut Hamsun", in: *Revista Iberoamericana*, num. 141, 1987.

Paz, Octavio: *El laberinto de soledad*, México: Fondo de Cultura Económica, 1982.

Rama, Ángel: *Transculturación narrativa en América Latina*, México: Siglo XXI 1982.

Rodríguez Luis, Julio: "La función de la voz popular en la obra de Rulfo", *Cuadernos Americanos*, 1985: 421-423.

Roffé, Reina: *Autobiografía armada*, Buenos Aires, 1973.

Rulfo, Juan: "Pedro Páramo, treinta años después", en *Cuadernos Americanos*, 1985: 421-23.

Ros, Arno: *Zur Theorie literarischen Erzählens. Mit einer Interpretation der "cuentos" von Juan Rulfo*, Frankfurtt am Main 1972.

Ruffinelli, Jorge: *El lugar de Rulfo*, Xalapa: Universidad Veracruzana, 1980.

Sørensen, Knud: *Danmark mellem land og by. Meninger*, København: Samleren, 1988.

Zerlang, Martin: Ruinas y recuerdos: sobre Juan Rulfo como arquitecto literario", en: *Revista de Filología y Lingüística de la Universidad de Costa Rica*, Vol. XXVII, nr.2, 2001.

Basamento del Templo de Quetzalcóatl en Xochicalco. La figura de la Serpiente Preciosa es aquí de carácter naturalista y se perciben claramente, sin gran estilización, las plumas de su cuerpo y, sobre las mismas, los caracoles seccionados.

JUAN RULFO
LA TRADUCCIÓN AL DANÉS
DE LA NOVELA PEDRO PÁRAMO

PALABRAS PRONUNCIADAS
POR ANNETTE ROSENLUND
TRADUCTORA DE PEDRO PÁRAMO AL DANÉS

Pedro Páramo ha sido traducido al danés no una vez, sino dos veces. Y por dos traductores completamente diferentes. La primera vez en 1961, pocos años después de ser editada la novela en México en 1955. La traducción la hizo el muy respetado traductor y escritor Uffe Harder, uno de los primeros escritores daneses en interesarse por la literatura latinoamericana e introductor en Dinamarca de los autores del llamado "boom" latinoamericano.

Cuando Uffe Harder hizo la primera traducción de Pedro Páramo yo apenas había nacido y definitivamente no tenía idea de que algún día hablaría castellano, desconocía que me iría a vivir bastante tiempo a una tierra tan remota como México y no sabía, por supuesto, que iría a hacer otra traducción de un novelista tan importante como Juan Rulfo.

Realicé la segunda traducción al danés de Pedro Páramo en 1998.

¿Cómo ocurrió? ¿Por qué se tomó la decisión de hacer una nueva traducción de Pedro Páramo?

La decisión la tomó Johannes Riis, Director General de la editorial Gyldendal. Más de una vez, a principios de los noventa, cuando él y yo hablábamos de la literatura mexicana, me había comentado que, dada la importancia que tenía la obra Pedro Páramo para todos los grandes escritores de América Latina y para la literatura latinoamericana en general, deberíamos de tener todos los daneses acceso a este libro.

Descartaba Johannes Riis la posibilidad de reeditar la traducción de la obra de 1961. Si lo volvíamos a editar debería ser en una nueva traducción, decía. El idioma danés había sufrido tantos cambios desde la primera edición, que la obra debería aparecer en un lenguaje menos anticuado, en una lengua más moderna.

Seguimos hablando de Pedro Páramo durante años y, finalmente en 1997, en el transcurso de una conversación me pidió Johannes Riis que me ocupara de la nueva traducción. Quiero aprovechar la ocasión para agradecer a Johannes Riis y Gyldendal la decisión tomada en aquel momento de reeditar Pedro Páramo. Porque les aseguro que no tomó la decisión siguiendo una racionalidad puramente económica, pensando en las ganancias que pudieran tener con la publicación de la obra. La tomó a sabiendas de que no iba a ser un bestseller. La tomó porque Gyldendal, afortunadamente, todavía asume un papel cultural, el papel de publicar obras que son del patrimonio de la humanidad y que son importantes para que nos entendamos mejor los seres humanos de mundos distintos.

Merece la pena reflexionar sobre este hecho: hacer una traducción nueva de una obra clásica ya traducida. Porque, por ejemplo, nunca se piensa en reescribir a los clásicos. Quiero decir que ningún escritor mexicano se pondría a reescribir Pedro Páramo para reactualizar su idioma. Juan Rulfo escribió Pedro Páramo como debería escribirse Pedro Páramo y así será para siempre. Como ningún escritor español volvería a escribir de nuevo El Quijote. El Quijote permanece en castellano como lo redactó Cervantes en el siglo XVII.

Pero sí se hacen traducciones nuevas. Durante los últimos 10-15 años han abundado las nuevas traducciones al danés. Existen, por ejemplo, dos traducciones nuevas del Quijote y el estimadísimo traductor de griego y latín clásicos, Otto Steen Due, acaba de realizar dos nuevas y muy elogiadas traducciones de Homero y Ovidio. En todos estos casos se trata de textos ya traducidos anteriormente y que se traducen de nuevo.

En mi caso, cuando me decidí a traducir nuevamente Pedro Páramo, no tenía como objetivo hacer una versión más moderna de la traducción ya hecha por Uffe Harder. De hecho, ni siquiera consulté su traducción. Estudié la obra de Juan Rulfo e hice mi traducción desde el texto original sin haber leído la traducción de Uffe Harder.

El tema de hoy no es por qué hacer nuevas traducciones de obras clásicas, ni cómo hacerlas. Pero está claro que hacer una nueva traducción de una obra clásica implica un sin fin de consideraciones.

El hecho de que se hagan nuevas traducciones subraya algo que sabemos todos los que estamos comprometidos en la tarea de traducir obras literarias: que cualquiera traducción es una interpretación. Y cuando uno se dispone a traducir una obra clásica que ya ha sido traducida al propio idioma una primera vez, hay una pregunta que se le presenta a uno inmediatamente: ¿Cómo hacer la traducción para que se respete al máximo al texto original y a la vez vestirlo de un lenguaje actual, contemporáneo?

Este es el reto que cada traductor encuentra y lo fue también para mí cuando me dispuse a comenzar la nueva traducción de Pedro Páramo.

Antes de ocuparme de Pedro Páramo en especial quiero hacer unos pocos comentarios acerca de la labor de traducir en general, puesto que me imagino que hay entre el público presente estudiantes de castellano que se preguntan: ¿qué consiste el trabajo de un traductor o de una traductora del castellano al danés?

Creo que hay muchas respuestas a esa pregunta. Creo que trabajamos de maneras muy distintas. Seguramente, cada uno tiene su manera. Yo solamente puedo hablar de mí y de cómo trabajo yo.

Lógicamente, jamás me hubiera atrevido a traducir nada sin haber estudiado el castellano durante años. Pero tampoco me hubiera atrevido a traducir ninguna obra latinoamericana sin haber pasado años en el mundo latinoamericano. Jamás me hubiera atrevido a traducir ninguna obra castellana sin haber estudiado la literatura, la historia, la cultura de los países hispanohablantes, sin haber leído mucho sobre todos estos temas. Pero para mí han sido antes que nada esenciales los años vividos en México.

Vivir en un pueblo abandonado de la sierra de México, lleno de polvo, con un calor de demonios, poblado de gente huérfana, abandonada a mí misma, olvidada. Deambular en las noches calientes por las calles de Serapio Rendón u otros barrios de la ciudad de México mirando los puestecitos de chucherías, escuchando el gemido ronco de los trenecitos que anuncian la llegada del vendedor de plátanos fritos y de tamales. Estar en una reunión de viejos intelectuales tomando mezcal y, ya muy entrada la noche, contemplar cómo van levantándose uno tras otro para recitar poesía. Participar una noche en una procesión de fieles con velas y flores por las calles de Oaxaca o estar completamente sola una mañana lluviosa junto al Lago Chapala y entrar después en un restaurante solitario. Mirar a mi hija en el patio de un colegio mexicano, marcando el paso y haciendo honor a la bandera mexicana antes de ir a sus clases. Llegar a un cementerio en un pueblo pequeño en la sierra oaxaqueña a la diez de la noche el 1 de noviembre, un cementerio envuelto en neblina con un fuerte olor a copal, con tumbas llenas de flores, un cementerio lleno de gente comiendo mole, lleno de niños jugando y una banda de mariachis tocando música. Caminar por las calles de una ciudad a miles de kilómetros de México, Buenos Aires, y de repente escuchar el ruido infernal de martillazos contra las fachadas de bancos cerrados, los gritos de gente furiosa que se siente defraudada por su gobierno…. Sin un sin fin de impresiones, de sensaciones de estos otros mundos tan distintos del mundo danés, jamás me hubiera atrevido a traducir nada.

Para mí, la buena traducción no nace fundamentalmente del dominio de la teoría sobre la traducción. Porque el trabajo de traductor no es principalmente un trabajo intelectual, un trabajo del cerebro, un trabajo de análisis. Claro que lo es también. Pero es sobre todo un trabajo que tiene mucho que ver con la intuición y con la imaginación.

Cuando hice las primeras traducciones hace unos 20 años yo leía no una vez, sino muchas veces la obra que iba a traducir, pensando que así me podía acercar a la obra. Pero me di cuenta de que era en vano. Me di cuenta de que el proceso de leer es un proceso completamente distinto del proceso de traducir. Me di cuenta de que la única manera de acercarme a una obra era escribir o traducir. Y me sigo acercando a la obra escribiendo o más bien traduciendo. Las primeras 30 páginas siempre representan una lucha insoportable. Es una tarea sumamente dolorosa. Porque uno descubre algo en realidad banal: que la traducción no se parece en nada al original. Se siente uno como un enanito incapaz junto a un gigante. Muchas veces está uno a punto de darse por vencido, de aceptar la propia impotencia. Se siente uno como si se estuviera llamando insistentemente a una puerta que no quiere abrirse.

Sin embargo, por experiencia ya sé que este sentimiento de insuficiencia hay que rechazarlo como una tentación. Se trata de no rendirse, de no perder el ánimo, de seguir golpeando la puerta, seguir escribiendo. Y llega un momento en el que, de repente, se abre la puerta al universo del libro y se entra a este universo. Y este momento para mí tiene algo de mágico. Porque nunca se sabe cuando se da. No puede uno forzarlo. Llega cuando llega. Y una vez dentro del mundo de la obra, poco a poco se va ganando fe en que sí es posible hacer la traducción y llegar al final. Hay un cambio radical. De repente, uno ya no está escribiendo *en contra del texto*, sino junto con el texto. En ese momento retorno al principio de la obra y vuelvo a traducir las 30 primeras páginas.

Cuando empecé a traducir Pedro Páramo, el proceso respondió más o menos a la descripción aquí dada.

Dadas las enormes diferencias que hay entre México y Dinamarca y la distancia que hay entre el danés y el castellano de Juan Rulfo con razón se puede uno hacer la pregunta: ¿Es posible traducir una novela como Pedro Páramo al danés sin que deje de ser la misma obra? La respuesta es que no. Y sin embargo se ha hecho la traducción.

Con igual razón se podría preguntar: ¿Es posible traducir una obra como Cien años de soledad de Gabriel García Márquez al danés y esperar que continúe siendo la misma obra? Y de nuevo la respuesta es negativa. Y sin embargo también se ha realizado esa traducción.Y menciono precisamente a Gabriel García Márquez porque tanto Cien años de soledad como Pedro Páramo son obras muy complejas donde los dos escritores logran crear mundos enteros, universos míticos, tan increíblemente latinoamericanos y en cierto modo tan ajenos al mundo danés.

Conocí la obra Pedro Páramo cuando yo tenía 25 años y estudiaba en la UNAM en Ciudad de México. Asistía a un curso sobre la novela latinoamericana del siglo XX y me tocó escribir un ensayito sobre Juan Rulfo y Pedro Páramo. De aquí arrancaban mis conocimientos sobre el autor cuando empecé a traducir Pedro Páramo en 1998.

Cada obra literaria, sea cual sea, representa retos nuevos para el traductor. Pero obviamente es mucho más fácil traducir a Isabel Allende que a Juan Rulfo. Pedro Páramo es una novela reducida, de corta extensión, y sin embargo de gran complejidad. Como se ha dicho con anterioridad, una obrita en la que están contenidos territorios inmensos del mundo, la vida, los mitos, la historia o el lenguaje mexicanos. Cada frase, cada palabra parece haber recibido una atención máxima por parte del escritor.

Si por ejemplo empezamos por el título, resulta imposible traducir el apellido Páramo al danés, o más bien, Páramo para un lector danés que no sabe castellano es un apellido igual que Pérez o Martínez. El apellido no evoca la imagen de un lugar inhóspito, seco, infértil. Así que mientras un hispanohablante con solo ver la palabra Páramo ya se asoma en cierta forma a las características de uno de los protagonistas de la obra, un danés necesita todavía comenzar la lectura del texto.

Algo parecido sucede con el nombre del lugar, el pueblo, de la novela: Comala. Comala deriva su nombre de un utensilio que forma parte de cualquier hogar de México, el comal, una suerte de sartén, en donde se preparan las tortillas de maíz, alimento básico para todos los mexicanos y sobre todo para cualquier mexicano pobre del campo. Un utensilio que colocado sobre el fuego alcanza temperaturas altísimas. Por eso el nombre de Comala evoca inmediatamente en cualquier mexicano una sensación de un calor extremo, toda una serie de imágenes, sensaciones y sabores vinculados con la tortilla, con la gente que vive de la tortilla. Obviamente, el lector danés no tiene acceso a estas imágenes. De nuevo, para él el nombre de Comala no es diferente de cualquier otro nombre.

Y así podríamos seguir hablando partiendo simplemente de los patronímicos y topónimos de la novela, todos ellos nombres simbólicos, escogidos por Rulfo con gran esmero y mucho ingenio.

¿Pero no habría posibilidad de traducir al danés los nombres, de forma que tuvieran por lo menos algunos de los significados que incluyen en la novela de Rulfo? ¿Buscar una traducción danesa de los nombres Páramo y Comala, sustituyéndolos de esta forma por otros nombres daneses, por ejemplo? Personalmente no soy de esa opinión. Porque traducir Pedro Páramo al danés afecta también al respeto por la obra original.

Siendo un clásico, parte del patrimonio de la humanidad, diría yo, los nombres Pedro Páramo y Comala, para solamente mencionar algunos de los muchos nombres que aparecen en la novela, cobran otros significados aparte de los que ya mencioné. Comala ya no es solamente el nombre de un lugar en Pedro Páramo, sino es todo un mundo mítico, todo un universo. En el caso de los personajes de cómic como el Pato Donald o Tintín cada país busca una traducción adecuada de los nombres de las personas y de los lugares. Cuando se trata de una obra literaria se impone un cierto respeto hacia los nombres originales.

¿Quiere decir todo esto, entonces, que el lector danés al no entender el significado de los nombres de la novela no tiene acceso al contenido de la novela? No. Porque leyendo la novela sí llega a saber muy bien que Comala es un lugar de un calor insoportable, y llega a saber también muy bien que Pedro Páramo es un hombre incapaz del amor, incapaz de vida, un hombre que es como un páramo.

Se habla a veces de la posibilidad de añadir notas explicativas donde el traductor puede dar cuenta del significado de los apelativos originales. Una vez, sin embargo, leí un comentario de García Márquez en donde decía que un traductor debe seguir buscando hasta encontrar la palabra adecuada y que es un mal traductor el que tiene que ayudarse de notas para traducir una obra.

Y así podríamos seguir hablando de las dificultades específicas de Pedro Páramo. Porque hay muchísimas. Ningún traductor serio se jactaría nunca de haber realizado una traducción perfecta. Mi punto de vista es que la traducción perfecta no existe. Cada frase de una obra se puede traducir de varias maneras. El traductor tiene que elegir solamente una. Traducir es elegir constantemente. Además, y no hay que olvidarlo, todo traductor trabaja siempre al interior de un plazo señalado, una fecha en la que hay que entregar la traducción. Un día en que no hay vuelta atrás. Cuando uno vuelve a leer una traducción que hizo hace 10 años muchas veces descubre cosas que cambiaría actualmente. Pero eso fue lo que se consiguió dadas las condiciones.

Yo no me jacto de haber hecho una traducción perfecta de Pedro Páramo, de ninguna manera. Lo hice lo mejor que pude en 1998. Hoy seguramente cambiaría algunas cosas. No me pregunten ahorita cuáles. Porque no sé. Pero sé que haría muchos cambios. Quién sabe: Quizás algún día se haga una tercera traducción de la obra. No seré yo la traductora.
Pero me encantaría
vivir para
leerla.

PRESENTACIÓN DE LOS AUTORES

Anne Marie Ejdesgaard Jeppesen, maestría en Filología Española e Historia por la Universidad de Copenhague, doctora por la Copenhagen Business School. Es profesora de estudios de historia y cultura latinoamericanas en la Facultad de Humanidades de la Universidad de Copenhague. Diversas publicaciones sobre el Peronismo Argentino, movimientos sociales en Bolivia y sobre memoria social. Se ha encargado del trabajo de coordinación del presente libro en su función de directora de los programas de estudios de español y portugués en la facultad de Humanidades de la Universidad de Copenhague.

Marianne Egeland es profesora asociada de literatura en la Universidad de Oslo, Noruega. Ha publicado libros (en noruego) sobre la percepción del tiempo en la literatura mexicana, sobre la poeta americana Sylvia Plath, sobre la editorial de la universidad de Noruega y acerca de la retórica de la biografía y la biografía como género literario e histórico.

Alberto Vital (Ciudad de México, 1958). Licenciado en Lengua y Literaturas Hispánicas y Maestro en Letras Mexicanas por la Facultad de Filosofía y Letras de la Universidad Nacional Autónoma de México (1976-1987). Doctor en Letras por la Universidad de Hamburgo, República Federal de Alemania (1987-1991). Miembro del Sistema Nacional de Investigadores de México desde 1991. Entre sus publicaciones recientes se cuentan "Noticias sobre Juan Rulfo" (biografía, México: RM / UNAM / Universidad Autónoma de Aguascalientes/ Universidad Autónoma de Tlaxcala / Universidad de Guadalajara / Fondo de Cultura Económica, 2004) y "Los Sonidos Cordiales" (ensayos sobre la poesía de Alfonso Reyes, Aguascalientes / Tuxtla Gutiérrez: Universidad Autónoma de Aguascalientes / Universidad Autónoma de Chiapas, 2006). Participó en la coordinación de *"Tríptico sobre Juan Rulfo"*, recopilación y análisis de trabajos de y sobre

Juan Rulfo, además de edición de la primera exposición fotográfica del novelista en 1960 (México: RM / Congreso del Estado de Jalisco / Universidad Nacional Autónoma de México, 2006).

Víctor Jiménez (1945). Arquitecto por la Universidad Nacional Autónoma de México. Ha ejercido su profesión e impartido la cátedra de Historia de la Arquitectura en la misma universidad. En 1971 proyectó y construyó la casa de campo de Juan Rulfo al pie del Popocatépetl. Ha sido Director de Arquitectura del Instituto Nacional de Bellas Artes. En 1996 restauró las casas de Juan O'Gorman para Diego Rivera y Frida Kahlo, obra de 1931. En 2005 restauró el Museo Experimental El Eco, de Mathias Goeritz, obra de 1953. Es autor de numerosos artículos y libros sobre la historia de la arquitectura mexicana, así como del estado mexicano de Oaxaca. Igualmente ha coordinado diversas investigaciones y ediciones sobre la obra literaria y fotográfica de Juan Rulfo.

Es autor de algunos textos sobre este mismo tema y desde 1998 es director de la Fundación Juan Rulfo.

Ángel Alzaga (1945) es licenciado en filosofía por la Universidad Pontificia Santo Tomás de Aquino de Roma y en sociología por la Universidd de Lovaina (Bélgica). Durante varios años trabajó en diferentes proyectos sociales y en el campo de la enseñanza en Venezuela. Es actualmente profesor en la Facultad de Humanidades de la Universidad de Copenhague.

Martin Zerlang, (1952), catedrático, profesor de literatura y cultura modernas de la Universidad de Copenhague. Ha publicado varios libros y artículos sobre temas literarios y culturales, entre otros: *Fem Magiske Fortællere (Cinco Autores Mágicos)* Spring, 2001, sobre la historia de la novela latinoamericana. "Søren Kierkegaard – el vigilante copenhaguense", in: *Revista de Filosofía de la Universidad Costa Rica*, XXXIX (99), Diciembre 2001 "Ruínas y recuerdos: sobre Juan Rulfo como arquitecto literario", in: *Revista de Filología y Lingüística de la Universidad Costa Rica* XXVII (2), 2001.

Annette Rosenlund, estudios de castellano y literatura española y latinoamericana en la Universidad de Copenhague y en la UNAM, México.

Desde 1984 traductora de literatura española y latinoamericana. Entre autores que ha traducido son García Márquez, Juan Rulfo, Eloy Martínez, Camilo José Cela, Fernando Savater y otros.